每一天練習照顧自己2

12步驟引領你放手，找回生命的重心，與過去和解，做完整的自己

Codependents' Guide to the Twelve Steps

How to Find the Right Program for you and Apply Each of the Twelve Steps to Your Own Issues

梅樂蒂．碧緹（Melody Beattie）著

U0048318

每一天練習照顧自己2

12步驟引領你放手，找回生命的重心，與過去和解，做完整的自己

作　　者　梅樂蒂・碧緹（Melody Beattie）
譯　　者　張芸慎
行銷企畫　劉妍伶
執行編輯　陳希林
封面設計　李東記
內文構成　陳佩娟

發 行 人　王榮文
出版發行　遠流出版事業股份有限公司
地　　址　臺北市中山北路1段11號13
客服電話　02-2571-0297
傳　　真　02-2571-0197
郵　　撥　0189456-1
著作權顧問　蕭雄淋律師
2022年01月01日 初版一刷
定價 新台幣340元

ISBN　978-957-32-9372-9
遠流博識網　http://www.ylib.com
E-mail: ylib@ylib.com
（如有缺頁或破損，請寄回更換）

Codependents' Guide to the Twelve Steps
How to Find the Right Program for you and Apply Each of the Twelve Steps to Your Own Issues

圖書館出版品預行編目(CIP)資料

每一天練習照顧自己2：12步驟引領你放手，找回生命的重心，與過去和解，做完整的自己/梅樂蒂.碧緹(Melody Beattie)著；張芸慎譯.
-- 初版. -- 臺北市：遠流出版事業股份有限公司, 2022.01
面；　公分

譯自：Codependents' guide to the twelve steps : how to find the right program for you and apply each of the twelve steps to your own issues
ISBN：978-957-32-9372-9（平裝）

192.1　　110019081

目錄

前言

十二步驟是送給我們最好的療癒禮物。

——泰瑞·N

我第一次接觸到十二步驟，是我被迫住進醫院，治療成癮問題的時候。當時，我不想待在醫院，不想復原，不想清醒過來。但為了避免法律問題，只得留在那裡接受治療。

醫院的療程規定我必須到醫院大廳參加一個奇怪的活動。每週兩次，大家會到大廳裡，走上臺，講自己的故事。他們談到過去酗酒時的生活有多糟、發生了什麼事，而現在生活多好。他們從困頓痛苦走出，從此過著快樂的人生。

我坐在後面，盡可能離他們遠遠的。直到一天，有個男的，他說的話有如當頭棒喝打中了我。他在講的已經不是他自己，而是我：我的痛苦、我的掙扎，還有我埋藏起來、甚至對自己隱藏的恐懼。改變出現了。我清醒了。

七年過去，經歷過幾段與酗酒者的感情，我發現自己需要的不只是保持清醒。我沒有從此過得幸福快樂，而是踏上相互依存的療癒之旅。

我發現這次自己是以不同的角度，再度接觸到這十二個步驟。這一次，是另一個人的酗酒問題影響了我。但不久我就領悟到：這從來不是別人的問題，而是我和相互依存的問題——我現在認為，這些問題從我四歲起就出現了。

重新面對這十二步驟，我並不開心。我不喜歡自己這麼痛苦，而且還需要再次療癒。我以為，一個人終其一生，只需要面對一個大難題。

不過我現在心懷感激。第一次實踐十二步驟，我找回清醒的生活；再次實踐十二步驟，我找回自己和自己的人生。這些步驟協助我從相互依存中復原。

本書宗旨在於介紹十二步驟，以及如何運用這些步驟從相互依存中復原。

我們許多人都曾想尋求特殊的法力。我們花錢、等待、祈求、搜尋、盼望，希望得到那把解開療癒奧秘的鑰匙。我們找尋其他的人、地點或東西，看能不能好起來、讓痛苦消失、帶來改變。

有多少次，我們參加讀書會、買書，或尋求諮商師協助，希望能脫胎換骨？這些確實有所幫助，都是療癒過程中有用的方法。

但，不只是這樣。我常常會收到來信，問我何時辦討論會，或能不能向我尋求建議。「如果能和你談一談，我就會好一些。你手上握有鑰匙，有能讓我復原的魔法。」

我很能體會這種感覺，因為我對其他人也懷抱過同樣的期待。如果我能待在一些精神導師身旁夠久，那我就能改變，就能完全不同。

我們知道這不是真的。我們每個人都有屬於自己的鑰匙、自己的魔法。無論現況如何，我們都有力量和能耐去發掘那個魔法，啟動自己療癒的旅程。

方法便是實踐十二步驟。這些步驟是從相互依存中復原的基本方法。只要加以實踐，我們能在合適的時機，被引領走向自己所需要的人、討論會、專業協助者和書籍。

但是，十二步驟仍是轉變的核心，通往復原的路。因此我才寫了這本書。

在美國，與相互依存復原相關的十二步驟復原團體紛紛成立，其中許多團體的新成員過多，但缺乏有十二步驟經驗的資深人員。有時候，成員集體展現出他們加入團體本應擺脫的行為：過度照顧、愧疚、掌控、過於執著、以受害者自居、忽視自己的責任。由於苦無他法，很多成員在團體聚會時仍沉浸在問題中，而不是解決之道，也就是十二步驟。

隨著相互依存團體逐漸成長茁壯，本書是要獻給正在從相互依存中復原的各位，同時也是給我自己的禮物。在撰寫本書的過程中，我複習了十二步驟，也更堅信這些步驟能協助其他人復原，包括我自己在內。

為了撰寫本書，我訪談了許多參加各類團體的人，從相互依存無名會（CoDA）、戒酒無名會家屬團體（Al-Anon）、家屬無名會（FA）至性成癮相互依存團體（COSA），以及其他。

我還訪談了從多重成癮當中復原的人，例如合併有飲食失調、化學物質成癮、相互依存的人；我也訪談了從亂倫（或虐待）與相互依存中復原的人，還有自認「僅是相互依存」的人。

我與來自各方的人交談，他們正在學習如何停止問「我能怎麼幫你」？而開始問「我能怎麼幫助自己」？

無論這些人參加了什麼復原團體，跟我聊的人一致認為，相互依存是非常重要的復原議題，並且願意分享如何將十二步驟應用在相互依存的問題上。

我訪談的對象並沒有代表任何特定團體。本書也未受任何十二步驟復原團體資助，無任何從屬關係，亦不代表任何復原團體的意見。本書目的並非為任何十二步驟復原團體宣傳，而是為了幫助各位讀者思考，如何運用這些步驟來療癒自己。之後，你也能向其他人說明十二步驟如何發揮效用。

這就是復原。

為保護訪談對象，書中提到的所有人名都是假名。

各位可以任何方式使用本書。不必從頭讀到尾；你可以挑最有感覺的章節或步驟細讀。本書也不是在闡釋十二步驟。如同我其他著作，本書內容都為我個人主觀意見。

每章最後會附上建議的練習，幫助讀者思考，如何將各步驟應用在自己的生活上。各位可以先閱讀書中列出的問題，想想自己的答案，或者將答案寫在日記或筆記本中。為釐清思緒、幫助復原，建議各位可以和信任的親友討論自己的答案。

在寫這本書時，我對十二步驟心懷無限的敬意。這些步驟原本用於協助酒精成癮者復原。但我在本書中想要探討的是，這些步驟可以如何幫助人們從相互依存中復原，只是文字能捕捉的仍有限，難以完整呈現這些步驟的本質與效用。這些步驟的效用、奧秘和力量，只有我們真正應用在自己人生才能夠完全瞭解。只有在這個時候，這些步驟才能真正展現出其力量，而不只是十二項建議。

「我真的覺得這些步驟代表了自由，」裘蒂說，「它們給了我方向，讓我瞭解自由到底是什麼，挑戰我對自由、生而為人和對心靈的既有觀念。這正是我需要的。」

閱讀十二步驟帶給我們的一切，然後在人生中體悟它們的奧秘與功效。

給入門者的提醒：各位聽到有關復原的術語時，可能常覺得困惑，例如「實踐步驟」。

什麼叫做實踐步驟？有些人思索、寫下和實踐步驟的方式就像做學校作業或申請退稅，嚴謹、專注。有些人和自己的輔導員（他們在團體中選為自己導師的人）一起實踐步驟。有些人是參加聚會、聆聽，等步驟慢慢沈澱累積。有些人的方法則介於其中。

我們都可以自由尋找自己實踐步驟的方法。我發現，在發生使自己陷入相互依存行為（如控制欲或忘了照顧自己）的事件之前、當下和之後思考這些步驟，幫助很大。每當陷入痛苦情緒或感覺無法動彈時，我就會想想十二步驟，而我發現，在這些時刻，我總是想逃離自己的感覺。

復原的過程會自然而然地開始形成，我們當中很多人發現，自己在人生中很直覺地就會專注於這些步驟。我們開始實踐這些步驟，而步驟開始在我們身上發揮作用。當我還在抗拒時，它們已對我產生影響。這些步驟改變我們，讓我們脫胎換骨，而且只能切身體驗，無法以理性探討。

實踐十二步驟乃是以非常合乎人性的方式，將復原的方法應用於我們的生活中，接著在行為、情緒與心靈面向產生深遠的影響。接下來，就讓我們看看如何實踐，以及實踐的成果。

步驟 1

我們承認自己無能為力——我們的人生已變得無法掌控了。

我突然領悟，順服總是出於自願。於是，我的心便平靜下來，人生也變得比較容易掌控了。

——鮑勃．T

第一次聽到這個步驟時，我根本不懂，無法理解。這句話聽起來陰沈、令人害怕，不真實。

無能為力？我的人生，無法掌控？

當時我認為自己是全然掌控著自己和他人。我認為沒有什麼是自己招架不了的，單憑意志力便能應付自己所有的情緒感受。我以為大家都指望我掌控一切。那是我的職責。那是我人生一路挺過來的方式！

我也一直以為，比起周遭的人，我的人生看起來是在掌握之中。直到我審視內在才發現，恐懼、憤怒、痛苦、寂寞、空虛和未能滿足的需求，像是暗流般早已經掌控了我大部分的生活。

那時，我才將目光從身邊的人移開，花些時間檢視自己的人生。

那時，我才找回自己的人生，真正活了過來。

「我之前不瞭解『擁有力量』和『無能為力』是什麼，」瑪麗談到步驟一時如此說。「以受害者自居、控制一切，就是我掌握力量的方式。如果無能為力的是我，就表示是別人在掌控。」

現在，與其以受害者自居、試著控制一切，我們即將學習用更好的方式掌握自身的力量。這一切始於承認並接受這個關於我們自己以及我們與他人關係的事實。

我們無力影響他人。當我們明明無力卻試圖展現力量，我們的人生在某種程度上就可能變得無法掌控。接下來，我們來看看人生會顯現出失控的一些狀況，還有我們想控制他人（或由他人掌控我們）的想法是從何而來的。

我的故事

儘管過了十多年，我還清楚記得當時的場景。有個我非常關心的人在喝著酒。他是酗酒者，而且不願意戒酒。我已經竭盡所能試圖讓他戒酒，卻一點也沒用。完全沒用。

我也無法阻止自己繼續努力控制他喝酒。在經歷了另一輪發誓、原諒、違背誓言的循環之後，我決定使出終極手段，逼他戒酒。我想讓他體會一下，愛上一個濫用藥物的人是什麼感覺。我打算裝出又開始磕藥，這樣應該會引起他的注意吧。這樣總會讓他明白我是多痛苦，然後他就會戒酒了。

於是，我小心翼翼佈置場景。雖然已戒毒多年，我還是可以擺出整套的吸毒用具：一小包白色粉末（其實是糖）、一支邊緣燒黑的湯匙、湯匙裡放了一塊棉片。然後，我躺在沙發上，裝出吸毒後意識不清的樣子。

過了不久，我當時想要控制的對象走進來。他環視四周，看到湯匙、看到了我，正要反應，我便從沙發上跳起來，開始對他說教。

「看吧！」我大叫。「這就是眼睜睜看著心愛的人吸毒的心情！你知道這讓人多難過了吧！看看這麼多年來你是怎麼對我的！」

但他當時的反應，遠不如我的鄰居那天晚上的反應。她說：「這太瘋狂了，你應該去參加戒酒無名會家屬團體。」

我花了好幾個月才認清事實：我不需要向酗酒者證明自己有多痛苦，而是需要去覺察出自己有多痛苦。我需要照顧自己。

為了控制他人，我大費功夫，這只是眾多事件的其中一例而已。我很擅長看出他人的行為模式，尤其是失控的行為。但是我卻看不出自己的人生已經變得失控。我看不清自己，受困於受害者的角色，無法脫身。其他人做的事情，都是在對我做的事情。無論發生何事，全都感覺像針對我而來。

我無法將自己與他人區隔開來；無法把自己的問題、事情、感情和責任，跟他人的區分開來。我把全世界跟自己都攪和在一起，就像阿米巴原蟲。

如果有人需要什麼，我會視為如同我自己的需求與個人的責任一樣，就算我只能揣測對方需要什麼。如果有人有什麼情緒，為對方處理這些情緒便成了我的職責。如果有人面臨難題，就該由我去解決。

我不懂得拒絕，沒有自己的生活。我從童年起就積壓了不少情緒，而我對於當下的各種反應，很有可能是從小建立的回應模式。我剛結婚兩週時，曾上班上到一半衝回家，掀開衣櫃門，看看丈夫的衣服是不是還在裡面。我當時確信自己就要被遺棄、被拋下，覺得自己完全不值得被愛。我完全不瞭解什麼是掌握自己的力量。

我依據恐懼，加上低自尊心，生活著。多數時間我都是在對其他人做出反應，試圖控制別人、讓別人控制我，然後對這一切困惑不已。

我以為自己一切都做對了。人不就是要做到盡善盡美嗎？人不就是要堅忍克制嗎？無論多痛苦，我們不就是要奮力向前嗎？忍痛付出、再付出，直到痛苦得站不起身，難道不好嗎？再說，我們怎麼能允許別人恣意生活呢？阻止他們、導正他們，難道不是我們的責任嗎？這不就是正確的、良善的做法嗎？

這是相互依存的做法。

如同我們許多人描述自己的，當時的我不是我。我是其他人想要我成為的任何樣子。

我深深覺得自己是受害者，筋疲力盡。徹底貫徹相互依存多年後，我的人生無法掌控的程度，已經令人難以承受。有些我的相互依存行為，甚至是我在復原之後才真正理解。

我剛開始復原時，因為沒有控制好自己的財務，背了超過五萬美元的債務。那時候只要能夠幫助他人，再多錢我都可以去借。

我的心靈已耗竭殆盡。多少次我祈求上天，希望上天去改變其他人？上天又拒絕我多少次？我以為上天已經遺棄我。當時我不明白，是我遺棄了自己。我不瞭解，我已經長大成人，沒有人能遺棄我了。別人能做的只有離開。

某些情形下，他們倘如果離開，我或許還過得比較好。

我與孩子的關係很糟。當你沉浸於痛苦、否認和壓抑的感覺中，常常想一死了之，實在很難扮演好父母的角色。

我跟朋友的關係緊繃。我除了永無止盡一直抱怨自己人生多麼悲慘，沒有什麼可以給朋友的。我和朋友大都在講自己淪為受害者的故事，時不時以諷刺自我解嘲，好讓日子還可以過下去。

「猜猜今天是誰在利用我？」

我無法覺察自己有什麼感覺，無法覺察自己有什麼需要。我以忍受無盡痛苦折磨的能耐自豪，剝削自己，勉強度日。

我忽視自己的工作。

我的身體越來越糟。我花了好幾年時間治療非特異性病毒感染。我動過子宮切除手術；得過病毒性腦膜炎，得過胃炎。我背痛，頭疼。關節炎開始發作。

而我當時才三十二歲。

相互依存的影響力驚人。否認，以及忽略眼前事實的能力亦然。這些都會帶來傷害，尤其在我們感到無助、脆弱、害怕、愧疚的時候。

史丹利的故事

史丹利是個五十多歲的成功建築師。他花了十六年才注意到自己的人生已經失控，變得一團混亂，而這十六年來，他一直在否認、忍受和假裝，一再將自我埋藏到內心更深處，直到他認清事實。

史丹利的父親酗酒，岳父因酗酒過世。史丹利花了十六年的時間試圖掌控他的么子，最後他情緒潰堤。

「在我們的小兒子約翰六歲時，我就知道我們麻煩大了，」史丹利說。「他常在學校打架，好鬥，不寫作業。在家老是闖禍。約翰對他媽媽發牢騷，罵髒話，有時候還動手打她。」

「我和妻子常常吵架。我盡可能去體諒她。她二戰時待過集中營，堅信孩子應該備受疼愛，所以不希望管約翰太嚴。」

「約翰把家裡鬧得天翻地覆。他很聰明，知道怎麼惹毛每個人。他讓我跟妻子吵個不停，其他小孩也和我吵個不停。他甚至有辦法讓祖父母也吵起來。」

約翰十歲時，史丹利給妻子下了最後通牒：如果他們不尋求專業幫助，處理約翰的問題，史丹利就要搬離家裡。他們去看了心理醫師，對方要他們別擔心。心理醫師說，約翰是聰明的孩子，有些早熟，過了這個階段就好。

那次看診只是開端。他們總共花了兩萬美元（不含保險給付）諮商，卻一點也沒用。

約翰十一歲時，史丹利的妻子放棄了，絕望地停止了學校諮商。她累了，已經山窮水盡。她發誓再也不去學校，不久後更搬離家裡，讓史丹利獨自撫養三個孩子。

約翰十二歲時，史丹利待在學校的時間比約翰還長。史丹利得一週到校三趟，解釋為什麼約翰一週只上了兩天的課。

「我向學校保證會離開那個學區，才有辦法讓約翰從九年級升到十年級，」史丹利說。「你看相互依存的影響多大。我把房子賣了，搬到另一個學區去，學校才讓約翰畢業。」

有一次，史丹利回家發現二兒子傑瑞米試圖掐死約翰。傑瑞米抓著約翰的脖子，將他整個人從地面提起。傑瑞米很平靜地說，他已經忍受約翰十二年，沒法再忍下去了。

又有一次，史丹利走進房間，發現約翰正拿刀向另一個孩子丟過去。史丹利設法使刀子偏了一下，讓刀子劃破紗窗，而非那個孩子。

約翰十六歲時，狀況惡化到無以復加。那時史丹利的妻子已搬回家，一個週日早晨，史丹利在房間看足球賽，妻子在廚房準備早午餐。約翰走進廚房，開始與母親起爭執。史丹利聽見他們講話的聲音越來越大。

「我很害怕，」史丹利說。「約翰對母親的態度還是很過分，對她大小聲，甚至還動手打她。我可不能讓這事重演。」

史丹利走進廚房時，約翰正要動手打母親。史丹利一把抱住約翰，箝制住他。此時，妻子反而來解救約翰，拉扯史丹利要他放手。

接著，二兒子傑瑞米進了廚房，開始將母親拉開，讓史丹利繼續壓制約翰。

他們四人跌成一團，史丹利的頭撞傷了，血流如注。他放開約翰，跑向車子，開往醫院急診室，縫了四十五針，再開車回家。

傑瑞米和約翰站在客廳，彼此對峙。他們還僵持不下。

「他們準備要鬥個你死我活，」史丹利說。「我妻子站在旁邊看著，不知如何是好。兩個兒子都已長大，約翰已經一百八十公分高、八十公斤，他們都受過武術訓練。」

「該死，」史丹利說，「如果真的非打不可，就我來打。」

他站到兩個兒子中間，兩個都揍。

隔日，傑瑞米搬離家。幾週後，大女兒搬離家。再兩週後，史丹利搬離家。兩個月後，史丹利的妻子搬離家。

「整間房子和兩隻狗，任憑十六歲男孩想怎樣就怎樣，」史丹利說，「我不能接受。我又搬回家裡。」

兩週後，學校輔導老師打給史丹利。「麻煩大了，」她說，接著告訴史丹利，約翰一直在嗑藥，而且早從八歲就開始──他們花了兩萬美元諮商，卻沒有發現此事。

那時，史丹利除了應付學校或警方之外，多半把自己鎖在辦公室埋頭哭泣。

「我累垮了，完全感覺不到做為一個人還有什麼價值。」他說。

史丹利後來加入戒酒無名會家屬團體和家屬無名會。他已準備面對並接受自己的無力改變與掌控人生。他已準備抽離，開始照顧自己。

（後記：約翰接受了治療，但不成功。後來因販毒罪名坐牢，才真正開始進行治療。

他現在是個成功的生意人，與父親關係緊密。史丹利與妻子離婚。傑瑞米與姊姊仍未從相互依存中復原。史丹利減重四十五公斤，定時運動，對人生感到平靜、充滿希望，每天好好照顧自己。）

其他人的故事

「但是我並沒有遇到什麼麻煩啊，」你可能會這樣想。我的回答是：很好。你不需等到麻煩上身後才發覺人生無法掌控，然後開始從相互依存中復原。我們當中許多人是在承受過許多痛苦後才準備邁向復原。其他人並不需要經歷這麼多混亂狀況。

麥克是很平靜地覺察到自己的人生難以控制。

「某天晚上我下班回家，發覺自己再也無法忍受像以前那樣坐在電視前、盯著電視、看報紙來逃避。我那個一直處於精神病邊緣的妹妹又打電話來，說得沒完沒了，講了無數理由解釋她為何又丟了工作。這已經不知道是第幾次了。我突然覺得，我可以照舊這樣百無聊賴地繼續生活，靜靜看電視逃避；或者，我可以做些什麼改變。以前有人給過我一個十二步驟復原團體的地址，於是我起身，關掉電視去參加聚會。就這樣，純粹出於厭煩，我開始實踐第一個步驟。」

凱倫試圖從用藥與酗酒中復原時，發覺自己因為相互依存而使得人生失控。

「十五年來，我一直努力從藥物成癮復原。大家要我做什麼，我都去做。每週參加五次團體聚會。不管別人願不願意，我一直都會幫助別人。但是，在心裡我仍覺得自己很丟臉，就像那天我清醒之後的感覺。我覺得自己沒有價值。我無法拒絕他人。我不敢說出自己的想法。我做的一切都是為了討好別人——包括衣著、髮型、妝容、舉止、為其他人做的事。我覺得自己像受害者。我永遠都覺得自己不夠好。如果我向別人說不，或只照顧自己，就覺得有罪惡感。還有，我覺得很生氣與怨恨，因為我每天時時刻刻都忙著做那些我覺得應該為他人做的事，而他們總是不知感恩。

我自憐自艾，希望幫助夠多人之後，上天就會善待我。到了這時我才猛然發覺，我需要開始善待自己。上天並沒有逼我去做這些事情，也沒有阻止好事發生在我身上，全是我自己逼自己。」

「我知道，清醒之後，比起原本已經獲得的，我需要、想要的更多，也值得擁有更多。我瞭解到，要得到『更多』，我就得面對自己的相互依存問題。時候到了。」

套句作家夏洛特．卡斯爾的話，凱倫一直是「入不敷出」，給別人太多、給自己太少。這是相互依存的行為，最終將使她的人生無法掌控。我們可能在財務上或情感上入不敷出。

只要為他人付出開始變成強迫性，或出自愧疚與義務，或讓我們覺得是受害者，就面臨相互依存的危險。只要我們因為所作所為違背了自己的理念或想法而感到不自在，就面臨相互依存的危險。

在關係中，超出自己能力不斷付出、又未能滿足自己的需求，就可能導致人生無法掌控。

瑪莎結束感情、維持單身一段時間後，她遇到了傑克。剛交往不久，傑克便讓瑪莎著迷：某個晚上，傑克開車載她到火車站，又幫她提行李到月臺。

「我的生命中從來沒有哪個男人這樣為我付出過，」她說，「我簡直一見鍾情。」

他們的問題悄悄來到，而且還不太容易察覺。傑克在他們剛認識時就說過，一旦瑪莎更認識他，就不會喜歡他。他說對了。

「他似乎想要控制我的意見和想法，」瑪莎說，「只要我說出的意見和他不同，就算只是關於一幅藝術作品，他也會與我爭執，直到我放棄、同意他的說法為止。」

每當兩人要變得更親密，傑克就會退縮。他願意和瑪莎發生性關係，但拒絕和她一起過夜。傑克會很長一段時間可以不跟瑪莎見面，然後約瑪莎見面，但又臨時取消。

兩人關係最後演變成只在對方電話裡留言，很長的留言。

「朋友們一直說這段感情很糟，」瑪莎說，「但我難以接受。我沒法離開。我卡在裡面，困在當中。這段感情讓我很痛苦，我的自尊心低落，常常哭，總是在等對方電話。我不再信任自己。」

最後，瑪莎開始參加相互依存無名會。不久後，她結束了這段感情，開始照顧自己。瑪莎瞭解到，沒有掌握自身的力量，還有，讓自己成為受害者，導致她自己的感情與人生都失控。瑪莎也開始檢視致使她如此的根本原因，並試著改變。（我們也將在步驟四與五的章節中討論這些原因。）

我們的人生變得無法掌控

我們不見得只在成癮或酗酒者身邊才出現相互依存的問題，驚覺人生失控。許多人發現自己想要控制他人行為的程度，已不僅是在控制對方的成癮行為。我們深陷其中，不管公開還是背地裡都在控制別人：包括他們做什麼、想什麼、何時改變、如何改變。

我們很多人還發現自己嘗試控制他人復原的過程。我瞭解到，自己是出於直覺，需要控制或照顧他人。這是我對別人的第一個反應。儘管現在已經沒那麼明顯，但這種反應還是會出現。

我們試圖掌控自己所愛的人，還有上司、下屬、朋友、敵人、親戚、孩子、鄰居，甚至陌生人。

控制和照顧他人是行不通的。相互依存是行不通。那只會把我們逼瘋，讓我們覺得身邊的人與情況都令人抓狂。我們的人生變得無法掌控。控制和照顧他人使我們的人生失控。

我們看不清當下發生的任何事，彷彿置身迷霧之中。

超出掌控的，可能是外在或內在，也可能兩者都是。我們可能過度涉入別人的生活與他們的問題，把焦點都放在別人身上，忽略自己，而使自己的外在生活無法掌控。我們的人際關係、心靈、健康、工作、休閒活動（或者缺乏休閒活動）、居家生活、社區事務和財務狀況都可能漸漸開始失控。

我們的內在部分，包括感覺、想法、對他人與自己的反應等，也可能漸漸無法掌控。憂鬱、恐懼、憤怒、悲傷和突如其來的思緒混亂可能掌控了我們。或者，我們老顧慮著別人，琢磨別人的感受，而過度耗費心神，結果忽略了自身、自己的想法與感覺。

我們的內在能量、意志和智識也可能處於無法掌控的狀態，被否認、恐懼以及試圖掌控別人所蒙蔽。我們可能陷入一種執念的漩渦，或卡在負面思考的模式，影響了身心健康。

我們可能忽視自己的工作、創意與才華。

我們的財務狀況可能失控；可能花費無度，或者過於節儉，苛待自己。

我們可能對自己過於苛刻，像烈士般自我犧牲，結果一直讓自己覺得是受害者。我們可能允許他人使我們成為受害者，也可能使自己變成受害者。我們可能不必要地聽從別人，允許他們對我們施以不適當、虐待或失控的行為。我們可能因為無法設立必要的界線，而感覺自己是受害者。

我們的行為可能失控。我們控制對方的所作所為，可能和我們想去控制的對方行為是一樣瘋狂。

我們可能覺得自己得要照顧他人，而且是用這種方式：削弱他們為自己負責的能力。當我們直接這麼做了，也就是為他人成癮行為負起責任，卻又覺得憤怒，覺得被利用。當我們默默照顧他人、總覺得要為別人的感受與需求負責，就會忽視自己的感受與需求。

不會拒絕、不說出自己真正的想法、不管自己想要的和需要的、不好好過自己的生活，結果就是人生失控。

我們可能太過受制於別人對我們的期待與盼望，覺得自己像傀儡一樣沒有自己的生活。

我們當中有些人困在不健康的關係中，無法掙脫。我們當中有些人孤立自己，不敢與他人更深入往來，因為擔心無法在關係中照顧自己，深怕再度失望或受傷。

如果太久不去處理相互依存的問題，可能導致嚴重後果，甚至危及性命。我們可能開始藉著酒精或藥物麻痹痛苦；可能深陷於其他強迫行為中。我們可能因為壓力、沒有處理自己的情緒而生病。我們可能最後考慮、甚至真正試圖了結自己的生命。

或者，我們可能變得極度悲慘，忍受一切，勉強撐著，期待以後上天堂領取獎賞，卻不知道，其實每一天活在當下，好好過自己的生活，就是一種獎賞。

無論我們經歷復原的時間多長，失控的狀況還是會悄悄出現。只要我們試圖去控制無法掌控的事，只要我們允許恐懼和恐慌控制自己，只要我們允許他人的期望、要求、盤算、問題和成癮控制我們，就會發生。

我們忽視關愛、照顧自己的責任時，失控就會發生。我們在無力改變的事情上，試圖施展力量，就算一點用也沒有，還是一直勇猛嘗試，失控就會發生。只要我們對於無力控制的事情，試圖想去掌控，便是放棄自身的力量。我們真正的力量，在於思考、感覺、做決定、過自己的生活、照顧自己。

無論對方做了什麼或沒在做什麼，我們一旦停止掌握自身的力量，相信自己要做什麼都別無選擇，失控就會發生。

或許在我們試著控制或改變我們無能為力的事情上，最受影響的關係，是我們與自己的關係。我們會感到沮喪、困惑，常沉陷於負面情緒、自我嫌惡、壓抑和憂鬱之中。我們因為過於在乎別人，或用對他們、我們自己或彼此關係沒用的方式加以關照，我們就是停止照顧、關愛自己。

我們可能養成忽視自己的習慣。如果是如此，我們可以趁現在學習如何以關愛和溫柔的方式照顧自己，滋養自己的靈魂，活出有價值的生命。

我們許多人在復原一段時間後，又賦予「失去掌控」新的定義。我們開始會對人生有更多期待。

每當我失去平靜，過於恐懼，恐慌、愧疚與羞恥，我便認為自己的生活超出掌控。當我不再處理自己的感覺，停止愛護、關心自己，忘了傾聽自己的聲音，或者又忍不住想去控制他人或事情，我便認為自己的生活超出掌控。解決的方式就是回到步驟一。

我們稱為相互依存的症狀，其實大多只是想要逃避、否認或轉移自己的痛苦。實踐步驟一，就表示我們已準備好面對並去感覺自己的痛苦。當我們因為採行這個步驟，而從否認到願意接受，記得要溫柔地對待自己與他人。

控制的根源

認為我們有能力控制別人，是個力量非常強大的信念，也是我們很多人在童年時期養成、具有毀滅性的錯覺。

接下來，聽聽幾位相互依存復原者描述他們是如何發現，自己以前都在控制別人。

「高中時，我母親開始習慣性企圖自殺，」瑪西亞說。她現在已長大成人，正從相互依存中復原。「她老是開瓦斯自殺，我快嚇死了。每天在學校我都會趁下課時打電話回家，她如果沒接，我就知道她又來了。我會衝回家，關掉瓦斯爐，讓屋子通風，扶母親上床，再衝回學校。」

「從小我就知道，我對他人握有龐大的力量，我知道我掌有決定母親生死的力量。」

瑪西亞的故事轉折在於，她母親也認為自己有掌控瑪西亞人生的力量。瑪西亞十六歲那年，在復活節的早晨，她母親把車停在鐵軌上，等著火車駛來。火車來了。

儘管她母親安全逃出，只受了些皮肉傷，但仍因自殺事件被送進療養院住了四年。母親在住院時告訴瑪西亞，為了讓她過更好的生活，母親決定送她到另一城市和舅舅查理同住。

「後來大學時，我母親出院了。她告訴我，她從未希望我和查理舅舅同住，而是希望我去她的表哥查理那裡住。我大笑，因為這樣的控制實在太諷刺了：你想要去死，這樣你的孩子就可以過比較好的生活，然後卻發現孩子被交給另一個查理，反而人生過得更悲慘。」瑪西亞說。

我們有些人則是在沒那麼明顯、但是對控制有同樣強大的錯覺中長大成人。

「從我年紀還很小，大約三歲時，母親就灌輸我一個概念：『我害她人生很悲慘』。」潔姬說。「我從小到大，都真的相信是自己害了母親。我也漸漸相信，自己有力量可以讓她開心起來。我一生就是這兩個信念輪流出現：我要嘛是行為不當害母親很悲慘，不然就是竭盡所能，讓她覺得開心，但後者我從來沒有成功過。我感到愧疚、受困，一直被這兩個信念束縛。」

「長大之後，我還是抱持著這個信念而活好幾年。不只對我的母親，甚至連我接觸到的每個人也是如此。我真的相信，自己有力量可以讓別人很悲慘、讓他們開心、讓他們感受得到。這真是巨大無比的重擔，也不對，而且令我的成年生活如履薄冰，總覺得要瘋了，直到我開始從相互依存復原。我曾用盡全力，試圖控制別人的感覺，或讓他們不要有特定的感覺。結果我變得非常討厭與別人相處，因為控制他人的感覺，就像是一件極為累人的龐大工作。我無法放鬆，無法自在地跟別人在一起。我的心力都耗在外頭：試著掌控別人的感覺、試著控制他們。而我卻完全不知道自己的感覺是什麼。」

「我以前不知道，有自己的感覺是ok的，」潔姬說。

我們往往從小就認為，有感覺是不對的。這是大人教我們要加以控制的其中一項：壓抑自己的情緒。現在我們知道，任何我們想要控制的事物，到頭來反而會控制我們。倘若我們以不健康的方式試圖控制自己的感受——就像我們被教導要這麼做，為了生存學會這麼做——我們的感覺會反過來控制我們，使得人生難以掌控。

「從我懂事以來，便被教導不能有情緒感受，」潔姬說。「沒過多久，我就會開始提醒自己。我被教導站要有站相、坐要有坐相，還有，忽視自己的感覺。」

「老實說，這樣的建議還蠻管用的。我成長在一個冷漠、了無生氣的家庭環境中，沒有陪伴，也沒什麼關愛。出生以來，我期待要愛我的人，卻讓我失望。我不曾被抱過，不曾有人稱讚我漂亮。我不可以害怕、生氣，當然我也不曾感到快樂。大人只要求我要更優秀、更努力、更堅強，還有要懂得自制。」

「我學到，崩潰或沉溺於情緒之中是毫無益處，只是浪費時間，是一種不成熟、脆弱、不必要的人性弱點。」

「不去感覺，讓我能夠在這個家裡存活下去，在人生中存活下來。很快地，我學會以家人對待我的方式對待自己；忽視、逃避、吹毛求疵、貶低並譴責自己會有感受跟需求這種人性的部分。」

「徹底封閉自己的感覺讓我很堅強，堅強到連我自己都不明白，自己竟能忍受需求不被滿足，就這麼活著。然而，我的感覺、需求和人性的部分終究追上來了。被封閉的部分不再容許被忽視。」

「現在我已經復原一段時間。回顧過去，我瞭解到，就算我感覺不到自己的感受（因為我沒有去感覺它們），但壓抑的情緒和不被滿足的需求卻控制了我。它們驅使著我，迫使著我。我活在恐懼之中，而我對恐懼的反應就是試著控制身邊所有的人跟事情。」

大多數我們稱為「控制」的行為背後，其實是恐懼這股暗流、這股力量，驅動我們去控制他人、我們自己、際遇、狀況、時機。

「我加入相互依存無名會一年了，」珍說，「我才看清自己一生有多麼恐懼。原來我一直活在恐懼之中。」

有時候，恐懼會以憤怒的形式展現。

「我生命大半時間都獨自一人，孤立於人群之外，」布萊德說，他的父親是酗酒者。「我總是很孤單，壓力很大，過度緊繃。我無法經營人際關係。復原前有好長一段時間我都非常憤怒。憤怒是我生活動力的來源。我並不是指我會發脾氣，但是憤怒是操控我人生的一股暗流。」

對某些人而言，這股憤怒暗流轉化成了恐慌，有時候是驚懼，可能是對人生、他人、環境、我們自身，還有我們的感覺。我們不知道怎樣放鬆與抽離。我們有些人甚至沒有覺察自己多麼害怕。我現在已經能夠看清，小時候，還有長大之後，自己是有多麼恐懼。當時儘管我不明瞭，也察覺不到，但恐懼卻控制了我多數的行為。

當時我的所作所為都是把焦點放在別人身上：照顧、控制、執著於他人。我沒有做的就是關愛跟照顧自己。

步驟一允許我們放鬆，停止控制，面對自身恐懼，照顧自己。

如果無法在與他人關係中照顧自己，別人便得以控制我們。如同我們很會控制別人，我們也允許其他人控制我們。

「我從小被教導，如果敢說不，就會被打死，」前面談及母親試圖自殺的瑪西亞說。「我在天主教家庭長大，被教誨要榮耀父母。跟任何人說『不』都帶給我極大的恐懼。我從電視上學到，你要跟從他人、為他人付出。我學到『要愛你的鄰居，不要管自己』。我學到的是，惟有照別人期望去做，才能被愛，被照顧。」

雪莉解釋自己的相互依存症狀：「我認為，我生命中多數可稱為相互依存的症狀都源自於恐懼、感覺受困、卡在關係中，因為我不懂得在與他人的關係中照顧自己。」

當我們過度愛別人，絕望地想從對方身上得到他們握有的東西——包括接納、肯定、愛或友誼，我們就可能喪失在關係中照顧自己的能力。我們可能指望，如果憑藉意志力維持現有狀況，我們就能夠很安全，得到我們需要的東西。

但我們不能。

這些想法都只是錯覺。我們並不是天生就這樣。我們大多數人只是按照我們學到的去做，有時候是小時候就學會的——藉由控制他人、或讓別人控制我們，來保護自己。長大後，我們成為習慣照顧、控制別人的大人，忘了生命真正重要的目的：關愛、接納自己，並信任生命的流動與良善。

我們是長大後出現相互依存行為。

想要控制他人與發生的事情，想要降低自己的損失，這些或許都很正常，但不見得是健康。對我們或別人都沒什麼益處。

我們可能與自身過於隔絕，卻完全沒留意，直到周遭的生活開始崩塌，才發覺人生已無法掌控。

步驟一允許我們停止控制和照顧他人，開始照顧自己。

「我剛加入戒酒無名會家屬團體時，大家說我要開始照顧自己，我其實很生氣，」瓊妮說。「我一輩直都有在照顧自己和身邊的所有人啊！」

這種並非我們在復原中說到的照顧自己的方式。隨著復原與實踐這些步驟產生的自我照顧，是更溫柔、更充滿愛、更自由，而且更專注於我們自己的責任上。這是一種具有療癒、讓人復原、煥然一新的自我照顧方式，有足夠的空間容納我們的感覺、需求、想望、欲望、目標、計劃和我們自己的生活，使生命有意義、有目標。

接受自己是無能為力

有些人能輕鬆接受步驟一的這個前提：我們對他人是無能為力。當我們開始進行步驟一，便是準備好放下與接受。有些人則較難接受我們無能為力這點。

我愛步驟一。但很恨自己無力控制。我討厭自己脆弱無助，不喜歡感到不自在或覺得痛苦。我厭惡需要抽離和順服。可是一旦我承認這個事實，我便產生對步驟一的愛。我對生命中大多數的事物是無能為力，而且當我想要去施力於我無能為力的地方，就會抓狂。無論我多麼想這麼做，無論我自認更明白怎樣對別人才好，我都無法控制別人。

我無法控制別人做什麼、怎麼想或感覺，也無法控制別人要不要或如何選擇與我互動、要不要或何時成長與改變，還有，要不要或何時決定從成癮中復原。

有時候，我也無力控制自己。

我無力控制自己日積月累的感覺和負面想法，無力控制自己或他人的成癮行為，不論是酗酒或是陷入悲慘。我無力控制自己的孩子或是別人的小孩。我無力控制結果、生命、際遇或事件。我無力控制關係的發展。我無力控制時機。

老天啊，我多麼希望自己能控制時機。

但我不能。

我試圖控制自己、一味地壓抑思緒和感覺時，我就迷失了。我更找不到自己，而且陷入相互依存的泥淖中很深。

我試圖控制他人時，我讓對方和自己都快瘋了。我試圖控制成癮行為時，它們反過來控制了我。我試圖控制他人對我的看法時，我便淪為傀儡。控制行為使我和別人抓狂，不論我想對什麼造成影響，最後反而是我自己被控制。我迷失自己，與自己越離越遠。

而其他人也對我感到生氣，想要逃開。

我想要去控制際遇或情況時，反而替正在進行的事情設下阻礙。我把時間與心力耗費在試圖掌控自己無能為力的時候，我失去了過好自己生活的能力。

控制會產生某種特殊的能量。就算我們只是想想而已、沒有實際去做，其他人也感覺得到。他們會有所回應，有時候，他們會刻意去做我們希望他們停止的事，有時候則是刻意不照我們希望的做。這是一種由恐懼控制的能量。

想要控制他人很正常，尤其是對方正在傷害自己或傷害我們，或者事與願違的時候。但是，照顧別人不是我們的職責：例如照管他們的感覺、思緒、決定、成長，以及該負的責任。我們的職責是為自己做到這些。

步驟一不是指不用負責任或全然無助。它要說的不是：「因為別人正在或曾經對我做的事，所以我無法幫助自己」。而是剛好相反：我們需要為自己和自己的事負責。別人對他們自己和自己的事負責，無論我們是否認同他們是怎麼處理自己的事。

我們為自己負責，負起責任將生命的能量引導至我們的人生道路，為自己開創出一個豐盛圓滿的人生。當我們敞開心胸，讓它發生，它就會發生。

無論在怎樣的際遇或情況，我們負起責任，停止自己的痛苦，面對與處理自己的恐懼，學會說不，滿足自己的需求，設立必要的界線，為照顧自己做出選擇與決定。

我們不是受害者。

我們接受無能為力的這個事實，才能得到力量，照顧自己。當我們開始照顧自己，我們將會開始過自己的生活，而所有注定要來到我們面前的，將都會是我們的。當我們停止控制別人，我們就能讓他們過自己的人生，也相信他們可以做到。

步驟一將我們帶回現實，回到自己身上。它讓我們找回重心和平衡，帶我們回到自己。一旦停止控制，事情會各就其位。而且我們發現，我們在這個世界所處的位置是非常好的。最後我們會非常感恩一切都很圓滿，因為比起我們控制行為能夠做到的，這樣好多了。

從未有人告訴過我們，我們無能為力的事可真多。接受無能為力的事實，讓我們得以掌握生命中真正的力量，此股力量是如此強大，這點也未曾有人告訴過我們。我們有力量去思考、感覺、解決問題、設立界線、訂定並達成目標、創造、療癒，無條件地照顧和關愛自己，也無條件地愛我們身邊的人。

我無能為力的事情有哪些？所有我想去控制的一切都是。

抽離的步驟

步驟一是幫助我們開始抽離的步驟。「抽離」是復原的一個概念，表示我們盡可能以關愛的方式，放下、從他人生活中抽離。

這個步驟協助我們分辨什麼是適當地使用意志力、什麼是濫用意志力。我們開始學著去感覺，而非逃離自己的情緒。我們了解到以前是怎麼忽略了自己，才能夠在任何情況下愛自己多一些。

步驟一也是擺脫受害者身份的第一步，無論我們是別人、自己或人生的受害者。

步驟一是抽離的步驟。

這個步驟與界線有關。我們會學到自己和自身責任的極限與範圍，學會分辨什麼是我們能做與不能做到的，分辨我們何時是嘗試去做不可能的事，或者不是我們該做的事。

接著，我們會停止去做不可能的事，專注於可能的事情上，包括過自己的生活、照顧自己、感覺自己的情緒、並適切地回應。我們不必感覺非要按照我們的心意去控制和操縱別人與他們的狀況，也能愛自己和別人。

步驟一常常會使我們感受到自己的感覺：恐懼、受傷或丟臉的感覺。步驟一讓我們可能感到哀傷。起初，這個步驟可能讓人覺得很黑暗與畏懼，但不需要害怕，因為不會持續太久。步驟一讓我們明白，對於無法控制的事情我們是無能為力，如此我們就能找回力量。一旦我們不論失去什麼、面對什麼無能為力的事情都能接受，我們便能自由地去感覺、處理自己的情緒，跟著生命往前行。

我們要在準備好的時候實踐步驟一。當我們筋疲力盡，當我們窮盡一切方式試圖去操控跟控制，當我們厭倦感覺要瘋了、打著毫無勝算的戰爭，我們便會順服。時候到了，步驟一會找到我們，幫助我們。

就由著它吧，由步驟一帶我們回去。讓步驟一接下我們背上控制和為他人負責的重擔。讓步驟一為我們帶來平靜、解脫與自在。

抽離。從恐懼抽離。從對控制的需求抽離。專注於自己，做自己。做那麼多完全沒用時，請停止再那麼努力、付出那麼多。

無論現況如何，愛自己，接納自己。答案自然會出現，解決方法自然會出現，但不會是因為我們那麼努力嘗試。

答案會從抽離中出現。

我們對他人無能為力，而且我們的人生變得無法掌控。現在，我們這樣就行了。這就是我們的狀況，已經算不錯了。

要感知到那無能為力和無法掌控人生的感覺。要感知到那感覺是什麼——不論是在顯而易見、還是比較幽微的層面上。

在復原開始時採行步驟一。之後如果需要，就再加以實踐。任何時刻，只要相互依存的狂亂又到來，就實踐步驟一。任何時候，只要覺得事情失控了，還有認為自己的人生是一場錯誤，就採行步驟一。發現自己在照顧別人、納悶自己是否有權照顧自己時，採行步驟一。忽視自身感覺時，採行步驟一。開始執著於他人，或擔心自己或他人的未來時，採行步驟一。認為別人能夠控制我們快樂與否時，採行步驟一。

我們忽視自己時，實踐步驟一。

感覺受困時，實踐步驟一。

不知道下一步做什麼時，可以採行步驟一。

想想步驟一，讓它沈澱，讓它來定義我們，以及我們的現況和過去的際遇。讓它來療癒、幫助、撫慰。步驟一總能帶我們回去：回到自己，回到現實，回到目前際遇裡我們要學習的心靈課題。

步驟一的第一個字是「我們」。自我接納是以我們這個簡單定義為基礎，因此讓人感覺很好。我們不再孤單，再也不是。我們許多人天天實踐步驟一。我們許多人共同面對同樣的問題。我們或許曾經覺得孤單，但是我們的痛苦與難題都很類似。在我們的解答中，我們也不是獨自一人。復原社群能帶來力量，在自己家裡實踐步驟一能帶來力量，與他人在一起的團體中也能帶來力量。我們在步驟一當中，一起以「我們」，共同面對我們的問題與解決之道。在社群中做分享，會使問題越變越小，解決的方法越來越顯著。

在我跟他人的關係，還有人生中，我曾到達一個黑暗又糟糕的境地，這個地方完全是由恐懼和想要控制他人的直覺所掌控。

我曾經直接就這麼做：為了控制酗酒者的行為，生活的重心都只放在那個人身上。

我也曾經悄悄這麼做：試著控制並壓抑我的感覺、控制特定的情況、四處找尋自我直到幾乎找不到我的存在、試圖解決問題卻一再嘗試同樣失敗的方法，或假裝某個問題不存在。當我讓他人控制我，或讓負面信念和未被解決的過往情緒控制我，我就會走到那個黑暗的境地。

只要因為我害怕，而不去做應該要照顧自己做的事，我就會來到那個黑暗之地。步驟一領我走出那個黑暗之地，幫我想起自己是誰。我無法控制他人，只要試圖這麼做，我就會發狂。我不需要控制別人，也不需要照顧他們。我不需要為了生命的運行而去控制生命或際遇。

現在可以安然相信，可以安然抽離。我能夠接受自己、自己的問題、所處的現況，以及我的人生無法掌控。我可以抽離，因為緊抓不放是沒有用的。我可以放鬆，就做自己。我可以去愛、接納並照顧自己。

我第一次在相互依存問題上採行步驟一時，它真的從我的頭腦沉入至我的靈魂，帶來了自由，以及抽離的禮物。第一次我打從內心明白，自己無法控制另一個人。步驟一帶來了解脫，賦予我力量，讓我能開始專注於自己人生中的事。

每次我實踐步驟一，都還是覺得如釋重負。

步驟一允許我們做自己，讓我們以平靜、溫柔與信任接納自己、接受自己的無能為力、接受自己的現況，而且不管是現在還是未來，一切都會安好。

我們順服，接著我們會目睹人生回到正常軌道。

這個步驟帶我們到達一個安全自在的地方，讓我們隨時需要都可以過去。我們拿建構於恐懼、控制與羞恥之上的人生，換取可以掌控的人生。

每個步驟在我們的人生中都有不同的效用，每個步驟都很重要。

十二步驟的效用與療癒，都始於步驟一。

練習

1. 現實中，你是否曾在自己無能為力的地方試圖施力或造成影響？你是否曾試圖控制某個人或某件事，但越是卯起來去控制，結果卻越來越糟？
2. 在你的生活中，有誰或什麼事正讓你抓狂、壓力很大？誰讓你覺得自己是受害者？你覺得現在是誰在控制了你、你的情緒或其他生活部分？你曾經逃離、否認或不願面對什麼樣的情況、感覺或現實？

3. 一旦你停止控制某個人或某件事，你在生活中得要去面對什麼？假設你不再讓某個人或某件事控制你，會發生什麼事？

4. 在你的生活中，有哪些部分可能反映出人生已經失控？你覺得自己在下列這些領域的狀況如何：情緒、財務、心靈、身體健康、工作？

5. 你覺得自己和下列這些人的關係如何：家人、朋友、同事？你有朋友嗎？或者，你覺得孤獨、疏離嗎？

6. 你是否覺得自己的頭腦很清楚、清晰？你覺得是誰在為你的情緒、財務和健康負責？你覺得是誰在為你的關係狀態負責？

7. 在生活中，你做什麼會讓自己覺得很憎恨？什麼是你覺得該做卻不想做的？你的生活中，哪些部份讓你覺得別無選擇、無法有意見？什麼人或什麼事讓你覺得受困？你覺得最想向誰表達自己的想法？為什麼你覺得無法開口？

8. 是什麼特定的事件促使你加入復原團體？如果已經加入一陣子，近來最令你困擾的事情是什麼？你最擔心誰或什麼事情？你上次對自己表現關愛、照顧自己是什麼時候？在你的生活中，是否有某個人讓你覺得自己很悲慘？你是否覺得，對方如果有所改變，你就會快樂起來？

步驟 2

相信有一個比我們自身更強大的力量，能讓我們回復到理智的狀態。

我最喜歡步驟二，因為有講到理智的部分。當我懷疑上天是否存在或有沒有介入，步驟二向我保證，恩典會到來。

——傑克·W

我愛步驟二。我開始從相互依存復原時，周遭旁人的行為簡直是把我逼瘋了。我拋棄了自己和自己的人生，使盡一切瘋狂手段，想讓別人「醒悟」。

我已經失控。

在我順服了步驟一、接受並承認自己無能為力與失控之後，步驟二帶來新氣象和希望。現在，儘管我已復原了一陣子，仍非常喜愛這個步驟。有些日子，當我忘了復原是什麼，當我頭腦一團混亂，當羞愧又出現，當憤怒、憎恨或往事控制了我，當我忘了做自己是ok的、掌握自身力量是ok的，當我恐慌、覺得害怕，當我開始執著於冀望他人激起我的感覺、證明我真實存在時——我知道該怎麼做了。

我回到步驟一，找到自己，做自己。然後實踐步驟二，成為我能夠成為的人。

步驟二帶我們步入正軌——一條嶄新的軌道，它具備比我們自身更強大的力量與方向。這是「轉變」的步驟，帶領我們從現況走向我們想要抵達的地方。

步驟二只要求我們此時做到這件事——相信。其實，它只要求我們「來相信」。怎麼做？敞開心胸和心智，與其他復原的人建立連結。

回復理智

莎拉是個衣著光鮮的亮麗女子，說話操著厚重的東岸口音。六年前，她的人生與感情都失控。現在，她與自我維持良好關係，是一個相互依存療程規劃的負責人。

莎拉的復原歷程始於十六年前加入暴食者無名會。雖然她很努力投入，但還是覺得人生缺少了什麼。

「我一開始是因為強迫進食參加聚會，然後出現了暴食症和厭食症。我後來則是性成癮、關係成癮，接著藥物成癮，」她說。

「我減重成功，看起來容光煥發，但仍覺得和以往一樣空虛。我以為自己覺得空虛的原因是來自外在。我丈夫酗酒。暴食者無名會的朋友說我是魚與熊掌兼得：我已婚，卻還跟復原團體的失意男子外遇。我感到空虛、寂寞、羞愧和內疚，只是我當時仍不知羞愧和內疚是什麼。現在，我稱之為『靈魂缺口情結』，」莎拉說。

七年後，莎拉的人生首度遭逢重大衝擊。她當時要將母親送入安養院，準備向丈夫提出離婚，因為她與外遇對象「打得火熱」。打算提離婚那晚，莎拉在舞池心臟病發。她向上天發誓，如果有幸活下來，她就會改變自己的生活。

莎拉確實做出了一些改變。她和丈夫沒有離婚，而是開始酗酒，對安眠藥、甚至醫師開給她的心臟病藥成癮。不久之後，她又開始外遇。

「我還是去聚會，」莎拉說，「我藥物、食物和酒精成癮。聚會時，我都是在心裡暗自求救。其他人都以為我復原得很好。我無法透露自己真正的狀況，但我會站起來說，『我很痛苦；我的人生有問題；我還活著，但我很痛苦。』我覺得其他人嚇到了，不敢問我怎麼了。他們很難接受我已經復原那麼久了，卻還是有問題。他們不知道該說什麼。」

接著，莎拉回學校進修，準備成為酗酒與藥物成癮復原的諮商師。她跟丈夫分居，與自己的一名個案談戀愛。男友出院後，搬去與莎拉同住。男友是黑人，莎拉是白人，她說，這使她與人更疏離。不久後，她男友又開始吸毒。

「當時我簡直要抓狂，」她說，「我完全處於相互依存的狀況中，想要救他，治好他。我念完書、成為酒癮諮商師之前，我已經是重度酗酒和藥物成癮者。我男友已經進出復原中心兩次以上，卻還是在嗑藥。」

莎拉後來自己接受了酗酒與關係成癮的療程。療程結束後，她任職於一間飲食障礙的復原中心，與吸毒的男友重新交往，並把男友接到她工作的南方小鎮同住。

「我們就到了這裡。我是一個來自北方的猶太裔白人，跟一個黑人男性在南方小鎮同居。我搬去那裡時，我知道自己已經發作三次，但不管怎樣我還是想要試試。我確實辦到了，但還是又困在感情裡。我在復原中心工作。我已經清醒，卻沒有從瘋狂的感情中復原。」

「我們的關係裡有肢體和性暴力，但加害者是我，」莎拉說。「他每次行為脫序，我就充滿憤怒。我對他發洩所有怒氣，連我自己都會怕到。我會去抓傷他，扯壞他的衣服，他唯一能阻止我的方式是把我拖到床上，壓制我。我生氣發狂的時候，甚至能擺脫他的壓制。然後我會打電話報警。警察把他帶走之後，我又會去把他帶回來。」

最後，莎拉自己住進相互依存治療中心。

「我最震驚的是，我竟然能蓄意傷害另一人，」莎拉說，「太可怕了。我在自己身上看到母親的影子，我的行為甚至比她更糟。而且我還一直祈求，不要讓我跟她一樣！」

在相互依存的療程結束之後，莎拉開始參加相互依存無名會的聚會與個人療程。

「要不是十二步驟，我可能早就死了，」她說，「就算沒死，也瘋了。我已經為自己對前男友發洩的憤怒道歉。他現在真的是前男友了。我到目前都單身，不過，我相信自己現在能夠跟別人建立起健康的關係，因為我和自己的關係很健康。」

「我和小孩也建立了良好的關係，而且向他們承認過錯。他們沒有改變，是我改變了。我看待他們的方式改變了。」

「我成立了自己的相互依存治療中心，因為我認為這可以防範其他成癮行為復發。我認為自己早在其他成癮行為出現之前，就有相互依存的問題。」莎拉說。

「我瞭解到，我，不是其他人，要為自己的想法與感覺負責。我現在信任自己，信任自己的所作所為。只要我信任自己，就能信任自己的作為。以前，我會從每個人及每件事上頭尋求認同。我會去問十個人，確認自己沒有問題。現在我不需要這麼做了。我信任自己。」

「我知道自己就已經足夠。」

莎拉在相互依存的問題上採行了十二步驟，翻轉了自己的人生。她已回復了理智。儘管我們每個人失控的情形不同，對回復理智的定義也不同，但有上百萬人像莎拉一樣，採行了這個步驟，見證到它的力量。

克雷格採行十二步驟復原計劃五年後，從一個恐懼、憤怒、沒有安全感的人，變成有自信、平和、輕鬆自在的人。克雷格的父母酗酒，他本身也是亂倫的受害者。他現在能表達自己的感覺，有親近的朋友。在復原之前，克雷格最常埋怨的是感覺孤立、與人疏離。這也是克雷格覺得自己生活中已經回復正常的部分。

儘管我們有相互依存的問題，但對於它是如何顯現在我們生活裡，我們每個人的看法不盡相同，對於回復理智的詮釋也各異。

十年前，珍正瀕臨情緒崩潰邊緣。她的父親酗酒，但是家裡的人，包括珍自己、甚至她父親，都沒有發覺這是酒精成癮。

珍長期憂鬱，常常不是流著淚，就是快哭了。她飲食過量，不跟人往來，提不起勁找工作，就算找到也做不久。她住在小套房，勉強餬口，不認為自己值得更好的生活。

「我總是很害怕，但又不確定自己的感覺，」她說。「我的恐懼好像都以『我不想要、我不想要、我不想要』反應出來。我對什麼都不感興趣。我沒想過自殺，但我痛恨自己的生活。我覺得自己的人生不可能改變。」

「我一直希望能夠徹底發瘋。我沒能如願，但我認為那應該會很暢快，因為就能把悶在心裡的感覺全都表達出來。我當時不知道，其實那正是我應該要做的。」

接著珍加入十二步驟聚會。一開始她加入暴食者無名會，大家很快建議她加入戒酒無名會家屬團體。珍還很疑惑，不懂別人為何這樣建議。她還不瞭解相互依存是什麼。

現在，十年過去了，珍的人生已經改變了。她也明白了。

「我感覺像回到家。無論是在聚會，還是獨處，我都覺得很自在，」珍說。「那不容易，很辛苦。不過，我慢慢覺得自己還有希望。我對人生與自己開始又有『想要』的欲望。」

珍取得碩士學位，在政府機關有個全職工作。她有房子，有車子，更找回自我。她改變了想法，認為自己值得從工作、關係和人生中獲得些什麼。雖然珍在關係方面還是很辛苦，但她最後還是鼓足勇氣，投入一段情感，並努力去滿足自己的需求。她有個屬於自己的支持系統，覺得能跟他人和自己建立連結。

「十二步驟帶給我最大的禮物是讓我清楚意識到自己生命中所被賦予的力量、自由和美好。對我最困難的是去體認我無力控制他人，無論是他們怎樣感覺、做什麼或對我的反應。我現在正在學習如何去愛、去關心一個我無法掌控的人。我希望別人喜歡我，我才比較有安全感、被肯定。對我來說，復原就是自己一個人也覺得有安全感。」

「對十二步驟敞開心胸，體會它們對我的意義之後，驚喜出現了。十二步驟像是一個架構、一個容器：不是將我侷限在裡面，而是讓我覺得安全、能去探索人生各種奧秘的容器。」

丹是個牧師，他的相互依存問題是無法在婚姻中表達怒氣、無法設立與會友之間的界線，以及看不見自己的優點。

「我總是吸引罹病、依賴別人的人，」丹說。「我善於傾聽，卻不懂得設立界線。他們就緊抓著我不放。」

對丹而言，回復理智是指學習平衡：適度表達憤怒，而不是大發雷霆或消極以對；在傾聽他人（丹認為這是一種天賦）與堅定自己立場之間達到平衡；以及發現自己的天賦與強項，還有自己的過錯。

「十二步驟讓我更瞭解自己、我想要的是什麼、需要的是什麼，」丹說。「還是會發生讓我抓狂的事情，」他說，「不過我正在學習理性地去應對。我的復原計劃一直提醒我，生命很美好。生命中的良善與變化令我驚喜。我見過受到傷害比我還嚴重的人，他們在復原過程中有令人驚訝的進展，讓我對自己的復原也充滿希望。」

我們不僅對於回復理智的看法不一樣，隨著我們的改變更可能變得不同。我在開始復原時，我是需要從追著酗酒的人跑、逼他們戒酒當中，回復理智，過自己的生活。我需要從長期忽略自我中回復理智，學習每天關愛自己，體察自己的需求。我需要從相信自己需要且能夠控制別人當中，回復理智，放下他人，讓生命自由開展。

有時候，我需要從羞愧、恐懼和壓抑的情緒中，回復至平和、自信，感覺自己很美好。有時候，我需要從負面與絕望的念頭當中，重拾正面和充滿希望的展望。

有時候我覺得卡住，需要協助，讓我脫困。或者，我陷入執念，需要找回自己的心智與靈魂。有時候，我又開始相信，別人手上握有掌控我幸福與命運的鑰匙，這時我需要協助，記起自己手中就有那把鑰匙。有時候，我的抓狂讓我退縮不前、封閉自我；我需要治癒自己的恐懼，才能過好生活，充分體驗人生，相信生命自有安排。

對我來說，回復理智的核心是要掌握在關係中的力量：無論對方是多麼健康、多麼好意，我需要學習不讓別人掌握所有的力量、不讓別人控制我。對我而言，回復理智是我能夠跟自己平靜共處、在與他人的關係中照顧自己的時候，而不是在照顧他人的時候。

抓狂地生活著，或讓他人傷害自己，以受害者的身份過活，就是失去理智。生活於否認當中，告訴自己那些虐待、欺負我們的人沒有不對，告訴自己，是我們有問題，不應該排斥這種欺凌，就是失去理智。

相信我們的生命只值得如此，就是失去理智。

無論是什麼，認為我們必須獨自完成，是沒有必要。

我們許多人發現，隨著復原得越來越好，我們對於「理智」的定義也改變了。我們起初可能認為，壓抑自身感覺、討厭自己、沉浸於羞愧、覺得受困和絕望，是很正常。我們可能認為，忍受一切、在悲慘中苟且過活很正常。我們可能認為，否定自己、虧待自己很正常。我們可能認為，期望自己完美是很正常。

我們可能認為受害是正常每天都會發生的事，是對人生際遇的合理反應。

但是隨著我們開始辨識出，過往行為其實是相互依存，我們許多人的觀點也改變了。

接著，我們會排斥回到那些伴隨相互依存行為而來、令人不快的、負面的思考模式和情緒，並且因此採行步驟二。我們不會責怪自己，或指望完全可以從糾結中解脫。這些糾結其實是有益，可以促使我們成長。我們不把情緒視為瘋狂失序，而是一種有益健康生活的表達方式。但是我們仍傾向維持平衡。事實上，感覺不錯（對我們而言，那代表感覺我們所有的情緒）到最後會開始讓人覺得真的很好。

我們有些人對步驟二和完全復原會期望更多，而不只是回復理智。我們覺得，我們從未體驗過自己想要過的那種人生。我們覺得，我們第一次開始要學習健康地去愛與生活。

十二步驟能夠引領我們做到。只要我們尋求復原，它就能幫助我們復原，也能讓我們煥然一新。

相信

我們絕非一開始就相信有一個比我們自身更強大的力量，能讓我們回復理智。我們是透過實踐，逐漸相信。我們是決定相信。

「我剛加入戒酒無名會家屬團體聚會時根本不算活著，」瑪格麗特說，「我的情緒和心靈層面都和死人沒兩樣，不知道自己感覺是什麼。我欺凌別人，也允許別人欺凌我。一個朋友介紹我加入聚會。我對十二步驟有非常多不滿，不過，這仍是個依靠，所以我繼續去聚會，就為了步驟二。我其實並不相信，但是我需要回復理智。我覺得自己已經瘋了。我需要療癒，需要清醒，所以我一直假裝自己已經相信、繼續參加聚會。直到有一天，我真的相信，於是就開始復原。」

我們許多人決定相信，是因為目睹與我們面臨類似問題的人實踐步驟、回復理智。對我們而言，親眼見證就會相信。

持續參加聚會，就是我們維持信念的方式。

「我觀察那些跟我有同類問題的人，發現他們看起來很好，我才學習去怎樣放手。他們正在做某件事情，讓他們用更好的方式處理問題。我從他們的力量汲取了力量。」受兒子成癮行為控制十六年的建築師史丹利說。

我以前一直不知道，原來人是可以用不同方式去回應、生活和感覺——直到聽見其他從相互依存問題復原的人分享自身經歷。我看見其他面臨類似處境的人，舉止理性，看起來很快樂、健康。我親眼看見了，我才能相信。起初，我只能相信十二步驟對他們確實有效。慢慢的，我開始相信十二步驟可能對我也有效。我相信，是因為我目睹其他人的進步；後來我相信，是因為開始見到我自己身上有小小的改變。

目睹他人改變、目睹十二步驟在他們的生活中發揮影響，目睹他們的人生恢復秩序、平和與喜悅，我們因而相信十二步驟可能對我們也會有效。有時候，傾聽一些智慧小語、或其他人是如何學習每天照顧自己，也是一樣重要。

我們接收訊息的方式有很多種。

我們許多人開始參加聚會後，發現實踐步驟二並不難。如果我們聽過、見過，就很難不去相信。

我對人們其實能以跟我不同的方式行事，覺得很有革命性。我以為自己需要控制。我感到受困於自己的憂鬱當中。這個步驟引領我走出我的黑暗、我的相互依存。步驟二帶領我進入療癒，學習到我是有選擇的。

或許，步驟二賜予我們的最大禮物在於，無論我們在生命中想要什麼和需要什麼，我們都不需要單靠自己。我們不需要動用意志力去改變自己。總算，我們不用再那麼辛苦。

我們能夠依靠比我們自身更強大的力量。

比我們自身更強大的力量

我們不需要先把「比自身更強大的力量」想得太複雜難懂。我們不需要先仔細想好人生要完成什麼目標，還有要如何發生。

我們甚至不需要知道明天要做什麼。

我們可以從現在所在的位置出發，不論當下相信或不相信的程度有多少。我們可以先從相信自己能夠並且一定可以回復理智開始，不論那個回復是得以處理當下情緒這種暫時的狀況，或是較大的事件，例如當我們開始復原或經歷創傷經驗，所需要的恢復。

我們敞開心胸接受上天的幫助、關愛、指引與力量。我們相信自己會被療癒，而且用來療癒我們的工具會來到我們生命中。當我們相信復原對我們有益，我們就不會動搖。

十二步驟復原計劃會談及上天，是因為上天是復原的根本，對於我們在精神與靈魂層面上尋求的改變和療癒也很重要。我們做某些事情來改變，不過，基本上，我們是被改變。這是一個心靈方面的過程。

決定稱上天為「比我們自身更強大的力量」，並且允許每個人自己去瞭解這個力量是什麼，則是刻意為之。

十二步驟復原計劃跟心靈有關，但跟宗教無關。十二步驟的內容與所有宗教、教派相容，而且也特意讓那些沒有宗教信仰的人都能採行。

我們許多人尋求復原時，對上天的認識還是建構於畏懼、扭曲、僵化、有時是羞愧之上。我們可能敬畏上天，恐懼上天鄙夷或拋棄我們。我們可能與特定教派有不愉快的經歷。

有些人會採行十二步驟是因為在信仰中受到傷害，如同失能的家庭對他們的傷害。

要特別注意，每個人都可以自由探索、決定自己的信仰。

由於我們許多人曾遭遇嚴重的身體與性方面的暴力，部分十二步驟復原計劃完全不會講到上天的性別。有些人不希望以男性稱呼上天；有些人不希望把上天認為是女性。有些人因為曾受過父親虐待，不希望稱上天為「天父」。

有些人可以接受傳統中對於上天或神的概念，那也很好。

十二步驟讓我們從各自所瞭解的上天或神，來獲得我們需要的東西。即使帶著我們的畏懼、偏見、欲望與需求，我們還是可以來採行這些步驟，並且得到復原。

將任何宗教、教派或信仰加諸他人身上並非我們的工作；我們也不必接受別人的信仰。

「這些步驟一開始令我非常困惑，」提姆說。他加入的是酗酒者成年子女團體。「我不停對自己說，『我不懂，我不懂，我不懂』。現在，我終於開始與十二步驟建立起心靈的連結。我以前學到的是，父母就是天，而我的父母如此失職，以至於我只想叫他們都下地獄。現在，透過實踐十二步驟，我在生命中重新與上天連結。」

搞不懂什麼是「更高力量」，沒關係，就努力去搞懂。我們多數人都經歷過。

努力去搞懂，直到你找到自己的「更高力量」，明白你的上天會看顧你生命中的大小事。

採行這個步驟時，我們是透過親身經歷來學習。然後，其他人會看見我們是如何獲得幫助、得到療癒，進而就會相信。十二步驟復原計劃是永不止息的療癒循環。

相信療癒的過程、敞開心胸，我們便能以自然、可掌控的方式改變。

這是復原過程中我覺得最振奮人心的部分，也是我需要牢記的部分。我不需要強迫、控制自己的復原歷程；只需盡力實踐十二步驟，平靜地讓轉變發生。

我們可以用步驟二來幫助自己度過周遭或內心的難關，或兩者都是。

我們可以用步驟二來幫助自己相信，無論過去或現狀如何，我們都能找到理性、關愛的方式去應對自己、生命與別人。步驟二幫助我們再也不必被過去限制了自己的未來。

希望的步驟

曾經，我發現自己需要治療藥物成癮的問題。我的人生一團糟，我自己一團糟。當我終於面對並接受這個事實，絕望淹沒了我。

幾年後，我發現自己面臨相互依存的問題。我的人生再度失控。我憂鬱不堪，深陷於憤怒與自厭當中。我被意圖控制他人的想法吞噬。叫我只專注於自己和自身問題，對我簡直是天方夜譚。我否認現實好幾年之後，才終於看清、承認並接受事實：我跟瘋狂的人住在一起太久，在他們身邊太久了，結果我也瘋了。我越來越難以維持自己在道德上比較優越的錯覺。儘管我偶爾感覺自己比身邊的人清醒，事實上，我懷疑自己是否也瘋了。

這兩次——兩次都因為接受事實而身陷絕望之中——步驟二都為我帶來希望與光明。

這兩次，我都是突然想到了步驟二，完全不費吹灰之力。當我試著想從藥物成癮復原時，我遇見一個從類似問題復原的人，對方已經清醒，回復理智。我回想到這件事，認為那是有可能的。復原是可能的。她復原了，或許那也會發生在我身上。

我開始從相互依存當中復原時，有人告訴我關於步驟二的訊息。我當時加入一個復原團體，即使我依然易怒、身心煎熬，眼角仍瞥見團體裡的人縱使際遇與我類似、甚至比我更糟，他們卻能喜悅平和，看起來既健康又快樂。我內心的一小部分注意到了。我想，復原是可能的。其他人面臨的情境與我類似，只是應對的方式不同，或許我也可以。

現在，當我夠沉靜，想起要採行步驟二時，我會充滿喜悅地加以實踐。而我所謂的實踐，純粹就是想著它。我允許步驟二隨思緒流過，當下能接受多少，就接受多少。

每當過往的負面想法與恐懼又開始控制我的人生，我就會採行步驟二。

每當我糾結於自己的羞愧和自厭之中，想鑽回自己的黑暗深處，我會採行步驟二。每當我專注於別人身上和他們的問題，包括他們做什麼，或不做什麼，還有我因此而感到生氣或受傷時，就會採行這個步驟。

我已經學會接受自己的憤怒與痛苦，但沉溺於這些當中，忘了把注意力放在自己身上，而陷於執念，而失去平衡、思緒受他人左右，我的人生就會瘋狂失控。

我再也不想失去平衡，至少不能失去太久。

這時，我會採行步驟二。在認清我的生活又失控之後，無論在哪個層面，它總能帶給我希望。它讓我知道，我可以而且會回復理智。

步驟二提醒我，我是無法自己回復理智。我熱愛控制與掌控，並不是因為我很糟糕或有問題，而是因為想保護自己，太害怕放手——可是我又無法靠自己清醒。我得要有足夠的信念和謙卑，信任比我自身更強大的力量可以、而且也會幫助我回復理智。

我瞭解這個信念是最恰當的，遠比指望我自己可靠得多了。

採行了步驟二之後，有一股溫柔、和諧的力量向我襲捲而來，在我還搞不清楚狀況時，它就把我沖刷到一條道路上，我甚至都還沒來得及看清那是怎樣的道路。

它帶領我離開內在的混亂，不再頑固地堅持，即使毀掉自己的靈魂也要去控制。

它帶我找到更好的應對方法。

當我對徒勞無功的努力感到厭倦、覺得無助、深陷在失控、或非要去控制無法控制的事時，我會準備實踐步驟二。我準備接受並承認這個事實：我無能為力。事情已超出掌控：可能是工作、家庭、人際關係、感情、財務，或人生其他任何部分。是時候要相信了。是時候向比我自身更強大的力量求助了。

我已經採行步驟二長達十七年。它未曾讓我失望。其實，我不確定自己曾經主動向步驟二求助。往往，是它向我而來。它就像個禮物般進駐到我的意識之中，帶我遠離混亂。就像個慈祥的父親在說：「孩子，要試試看嗎？它或許可以幫助你好過一些。」

這個想法會很溫柔地出現，有時候會化身為這樣的一句話：「何不去參加一場聚會？」有時候是藉由朋友來電，輕描淡寫地談到十二步驟。有時候，是我自己拿起電話，打給某個人。有些時候，則是我與那個更高的力量之間的個人連結。

我的內在時常上演大戰。一部份的我堅持只要更努力嘗試，我就能控制事物，使自己脫離混亂，另一部分則知道有一個比我自身更強大的力量，可以帶領我超越自己的限制，去思考、感覺、行事。

任何時候只要我向步驟二求助、接受它的幫助，它就能發揮效用。有時候，即使我沒有向步驟二求助，它還是會找到我。

深呼吸。相信有一個比我們自身更強大的力量能讓我們回復理智。在這裡站穩。相信，我們就得以開拓出空間，讓復原發生。我們停止賦予力量給問題，開始去賦予力量給解決方法，那個會賜給我們的解決方法。

別擔心這要如何發生、何時發生。我們所需的一切都會賜予我們、為我們完成。我們會經歷改變的過程。我們只需相信。

多數人發現不必太費力去實踐步驟二。相信是一個禮物，會在我們準備好接受時賜給我們，到時，當我們準備好了，我們就靠著相信的程度去接受。

我們要做的就是去相信——不必是永遠，但要一天。有時候，我們需要一次相信一小時。我們相信一切都很好、一切都會變好，宇宙萬物都是各得其所，而且我們在這個當下也是恰如其分。

只要我們願意，轉變就會逕行展開。

注意，別把我們採行復原計劃時經歷到的深沈悲傷，跟人生失控或瘋狂混淆了。我們許多人都正面臨失落，為這些失落感到傷痛。這種痛苦與悲傷，是我們對人生際遇的正常、健康的反應。我們可以允許自己經歷哀慟，但不要責怪自己，讓自己變得悲慘。

十二步驟的目標是幫助我們找到一種理性、靈性的方法，去面對人生的任何際遇：無論是因應我們身邊的人或我們自己的失控或令人不快的行為；度過難受或痛苦的經歷；面對失去或改變；過正常生活；或為我們建立一個更好的「常態」。十二步驟能協助我們切斷與他人不健康的關係，教導我們與自己、更高的力量和他人建立健康的連結。

步驟一當中，我們順服自己的無能為力。那只是起點。現在，我們要開始接受比我們自身更強大的力量，會賦予我們力量。這個力量只需要我們往前一點點、抱持著一點點信念，便能迅速大大展現。

有時候，我們只需要去參加聚會，或者想想步驟二。

我們會回復理智。我們會脫胎換骨。我們會從現況中得救，獲得解決方法，無論是一念之差、態度的改變、新的道路、新的感覺，或看到自己要做什麼的新願景。有時候，這很快就會發生。有時候則需花點時間。

敞開自我，相信會出現一條嶄新、更好的道路，它就會出現。在這個片刻，就敞開自我，接受更高的力量有可能開創一條新的道路、情境或解決方法，而且我們已經準備好，迎接那即將發生的。敞開自我，接受我們有可能回復理智，就能踏上復原的旅程。

對我們許多人而言，步驟一——面對並承認人生超出掌控、痛苦與失落——感覺既黑暗又絕望。步驟二引領我們走出黑暗，走進希望與應許的光亮之處。

步驟二給予我們希望，不是那種我們多年緊抓不放的虛假希望，而是真正復原的希望。

任何時候需要，就採行步驟二。

練習

1. 什麼活動能帶給你希望，幫助你相信一切ok、一切都會變好？是參加聚會、跟復原的人交談，還是閱讀相關書籍？列出幫助你對未來更有信心的人。
2. 你對於「回復理智」的想法改變過嗎？你對復原的期待曾經改變過嗎？你現在對復原的期望與剛開始時有什麼差異？
3. 就目前而言，你如何定義「比我們自身更強大的力量」？你是否相信這個力量會關懷你？
4. 對你來說，什麼才是照顧自己的合理規劃，能幫助你一直相信自己可以、並且會復原？
5. 其他人在復原過程中有什麼變化是你希望也發生在自己身上？你相信這是可能的嗎？回顧第1題的答案，想想看。
6. 列出人生中你想要回復理智的領域。如果你是以自己的生活回復理智為目標，而非專注在他人身上，你的目標會比較有成效。

步驟 3

決定將我們的意志和生命託付給我們所認識的上天看顧。

無盡的良善即是創造生命，儘管明知將被所造之物埋怨。

——威廉．彼得．布雷迪

從相互依存復原前，我花了大半輩子用意志與生命照顧別人，其他時間則竭力控制別人的意志與生命。

現在，我已經學會其他做法：將我的意志與生命託付給上天。雖然認識上天固然重要，但更重要的是知道上天瞭解我、在乎我。

對於上天，對於步驟三，我曾非常難以瞭解，但隨著我的改變，這點也隨之改變。過去，我想像的上天的旨意就是要我做更多、更好，要我付出更多，但不可開口要求回報。有一段時間，我還將人生中每個不愉快、令人壓力很大的狀況稱為「上天的旨意」。

現在，我已經瞭解，我過去所理解的上天，以及上天對我生命的安排，其實都跟上天與復原沒什麼關係，而是和我習慣虧待自己、限制自己有關。這都是與我的相互依存問題有關。

我們許多人誤會了「順服上天的看顧」這個意涵。苦於控制問題的人，要學著放棄、放下、放手，可能相當困難。有時候我們順服太多，反而覺得自己是受害者，拒絕照顧自己，因此埋怨上天。

我曾經對步驟三感到恐懼。我害怕會再度迷失自己，因為過去我常常如此。然而，我卻學到，採行步驟三並不會讓我迷失自己，反而是找回自己。步驟三放我自由。步驟三是整個復原計劃中，「上天與我們一起」的步驟。

交託我們的生命與意志

開始復原之前，我認為自己的人生是個錯誤。我相信自己不該存在於這個世上，我不相信自己的生命有任何意義。

步驟三讓我改變想法。

決定將意志與生命託付給我們所認識的上天看顧，是決定接受上天的幫助過人生，而我們每個人都有自己的人生要過。

我們有意識地選擇，將我們自己與人生、我們的內心與外在際遇託付給上天。然後，我們為自己的人生負責，也容許其他人這麼做。

步驟二中，我們相信有一個比我們自身更強大的力量，能幫助我們回復理智。在步驟三，我們做我們應該要做的，讓上天幫助我們回復理智。我們把自己託付給上天看顧。然後我們盡我們的本分，學著照顧自己。

託付給上天看顧

有些人無法弄懂「上天」的概念，是因為我們接觸十二步驟以前的經歷使然。「我對於十二步驟復原計劃中的上天感到困惑，」瑪麗說。「我一直在想，如果上天是充滿慈愛，怎麼讓這事發生在我的人生裡。」

我們多數人發現，只要保持開放態度，就能找到連結心靈的途徑。不管我們相信或不相信的程度多少，從那裡開始，就會發現情況好轉。

「加入戒酒無名會家屬團體後，情況就開始改變了，因為我開始把接受現實不再看成是失敗，」瑪西亞說。（瑪西亞即是母親不斷嘗試自殺的那位。）「我一開始是用理性去理解，接著從情緒面接受。順服之後，記憶排山倒海而來：對家的回憶、每次我想拒絕又害怕的記憶。剛開始對我並不難。我開始學著說不、為自己挺身而出，然後我漸漸發現，我並沒有被閃電擊中，也沒因此小命不保。接著，我開始去傾聽別人，發現許多人都經歷過類似的事。我從復原計劃和團體的陪伴擷取力量。我發現，自己並沒有比這些人好；我發現，自己或許也沒他們糟，這讓我覺得，或許我也能夠做得到——能夠復原。」

「我一順服，接下來就容易多了。步驟三變得很有用，當我發現步驟三中有『看顧』二字，便能實踐了。」

「我的人生改變了。我可以拒絕別人，而且不會覺得害怕。對孤獨的恐懼消失了。我單身了七年才再婚。我與更高力量的關係對我影響很大，讓我對自己覺得滿意許多，也不會覺得孤單。我以前總是會害怕，現在已經有勇氣出門，嘗試新事物。」

「有時候我在日常生活中忘記實踐十二步驟。然後我又麻煩上身，也就是我又在那裡管別人的生活。我又在意別人的生活多過於關心自己。我可以每天就這樣過，完全不知道自己感覺如何與在意什麼。」

「只要我覺得自己掌握力量，就會惹出麻煩。小時候，左右母親生命的力量就是我，我因此認為自己很有力量。當我放手之後，人生好過太多。我請上天幫助我行使祂的旨意。我覺得，我的直覺反應就是說謊或設法逃避現實。我如果有實踐十二步驟，便會花時間問問自己真正的感覺和需求是什麼。」

採行步驟三讓人如釋重負。上天會幫助我們照顧自己。現在，放下我們對控制的需求，沒有關係的。我們可以請求上天，做為我們的力量、靈感泉源，為我們指引方向。接下來，我們為自己的行為與選擇負責。

我們與上天的關係是以信任為基礎——信任上天，也信任自己。

我們所認識的上天

步驟三主張，上天對我們的復原與人生非常重要，也特別指出，我們每個人都能按自己所選擇的方式理解上天。步驟三無關乎宗教。這個步驟是要我們與自己所理解和定義的上天建立關係。

上天不會懷有惡意。沒有懲罰，沒有惡作劇，不會拿我們開玩笑。上天或許要求我們等待的時間比我們期望的時間更長，那全是因為等待對我們才是最有利的。

上天瞭解我們的內心，瞭解我們需要療癒。上天知道美好的事物在等著我們，儘管我們現在還看不見。上天明白我們正在學習的課題能帶來什麼益處，不會只是混亂，而我們卻常只著眼在混亂上頭。

上天能引導出我們內心的療癒力量。

託付

這個步驟與意志力有關，也跟我們靠自己挺過人生的侷限與後果有關。我們許多人發現，單憑自己的意志，是無法有太大的進展，或者還無法達到心目中理想的目標。

那我們要怎麼知道，什麼時候我們是可以靠著自己的力量奮勇向前，什麼時候或許是該要順服了？我們會學到的。

克萊兒是位教師，有兩個孩子，已經離婚。她加入戒酒無名會家屬團體已經五年、酗酒者成年子女團體兩年、相互依存無名會一年半。

「我改變後，我的婚姻開始崩壞，」克萊兒說。「我丈夫和我開始常常吵架。我的轉變令他不安，我復原得越好，家裡的狀況就越糟。」

加入相互依存無名會後，克萊兒花了四個月與丈夫離婚。

「我在復原過程中檢視了我自己家庭裡的許多事情，也就是這些年和丈夫住在一起的事情。我的父母向來無法為我提供情感方面的支持。我丈夫的問題是情感上的施虐，但是那種很細微的虐待。我無法放手不去控制，因為如果我這麼做，壞事就會發生在我頭上。我不知道自己是值得擁有美好的事物。」

「我和很多人討論過離婚的打算，而我等到準備好才付諸行動。我認為離婚是我復原過程的一大勝利。」

「採行復原計劃時，我對十二步驟就沒有太大的抗拒，」克萊兒說。「基本上，我的復原方法是這樣的：我打電話給你，你說該怎麼做，我就照做。很多人會告訴我，我只要聽進去，然後做所有我應該做的就行了。」

「現在，我第一次覺得我有了自己的人生——我有我的慾望、我的時間、我的原則、我對孩子的關注，以及對我自己的關注。我熱愛工作，也做得很好。我還在摸索，而且還沒準備好就想去做。我比較少感到憤怒跟不滿。我還在試著接受我與父母關係的真實狀況。」

「一個輔導員曾對我說：『信任上天，信任我，該洗碗就洗碗。』我很善於分析，所以現在我相信、禱告、做眼前該做的。我信任復原團體的同伴協助我看清現實。」

「而且我信任自己。」

我們不需四處張望太久，或者費心尋找，就能發現上天對我們跟我們人生的旨意。那不會被錯過的。上天對我們現在的安排，就是在我們現在的生活中，按照我們想要與選擇的方式，照顧自己。當應該要有什麼改變時，我們會知道的。我們會被打斷。我們會被帶領進入新的際遇。或者，新的際遇會自己找上門來。

通常，當我們平靜下來，相信上天，並且傾聽與信任自己，就能瞭解上天的旨意。上天的旨意顯現於平和與信任之中，而非急迫和激動之中。

唯有順服於現在這個時刻，我們才會抵達生命中的下一個時刻。

接受與感恩

有兩個概念幫助我實踐步驟三，那就是：接受與感恩。當我無法順服，當我覺得人生無可忍受，當我抗拒、否認現實，我就會來感恩。

當我無法瞭解眼前發生的事到底是為什麼，當我認為自己最瞭解狀況、卻沒人聽從我的意見，當我不知道接下來該怎麼做，當我知道下一步自己想要做什麼、卻無法做到，我就會來感恩。

當我覺得自己被虧待、不被愛、沒人關心、被遺棄、與生活脫節，我就會來感恩。然後，我就會來照顧自己。

感恩有強大的轉變力量，無論是改變我們自身、我們的生活，還是際遇。我常常求助於它。感恩帶領我度過許多令人焦慮的狀況：貧窮、離婚、孤單、學習怎麼約會、搬家、繁重的工作、情緒潰堤、與孩子之間的問題、跟鄰居之間的問題、恐懼、令我困惑的狀況，以及其他讓人莫名其妙、無法明白的事情。感恩協助我們的情況好轉。感恩幫助我們在深感壓力時，讓我們覺得好過一些。然後，當情況好轉，感恩幫助讓我們欣然接受美好。

我們的相互依存症狀，大部分是專注於負面的事物、執著於「這可能出錯」上頭。感恩賦予我們力量，增加我們生活中對的部分。它使得狀況變好。

我們道謝。我們反覆道謝，無論是否真心，無論是否心懷感激。我們向生活當下每個細微的部分道謝，包括我們正在面臨的、我們自己、我們所在之處、我們的感覺，以及令我們煩惱的。

感恩會幫助我們，帶我們順服。它會改變我們自身與周遭的能量。感恩能削弱問題的力量，賦予解答力量。它把我們從當下負面、緊箍的桎梏中解放出來。它驅散恐懼，讓我們得以動彈，向前邁進。感恩能孕育出接受，而接受，是幫助我們、還有我們際遇改變的魔法。

我面臨難受的情況時，第一反應都是想找到解決方法或希望其他人改變。當我實踐步驟三，當我專注於照顧自己，狀況就改變了——常常是因為是我自己改變了。

使勁地感恩。一再對每個狀況道謝。即使你並不感激，還是道謝。感恩的力量最後會顯現，喜悅與真正的感恩就會開始出現。

除了十二步驟與抽離，感恩應該是復原最實用的工具了。就像任何工具，只用想的是不夠的。只有當我們拿在手裡，實際使用，才能有效果。

順服的自由

步驟三是順服的步驟。只要我們順服，接受更高力量的協助，就有餘裕照顧自己。順服不代表我們絕望無助，也不代表我們應該向虐待或無法忍受的情況順服。順服代表的是我們承認這些狀況的存在，然後求上天協助我們在這些狀況中照顧自己。

我們會學到如何拒絕，如何設立界線，如何傾聽自己的感覺、想望與需求，還有如何以負責、關愛的方式回應他人。我們會學到如何以理性的方式因應外在的狀況，也就是以照顧自己、關愛自己且尊重他人的方式應對。

順服讓我們能夠重新照顧自己。

把我們的意志與生命託付給上天看顧，等於從別人那裡拿回我們人生的控制權，也把我們對別人的掌控交出去。這讓我們自由，能夠與我們、還有上天建立連結，而這個連結，不受他人的要求、期望或計劃左右。這甚至讓我們從自己的要求、期望或規劃解脫出來。

當我們停止控制別人或讓別人控制我們，我們便有餘裕來照顧自己。步驟一是講我們的無能為力，步驟三則是要我們重新掌握力量，照顧自己。

我們可以自由選擇要如何行動、如何反應，不必認為得要受限於他人的行動或人生。就算別人過得悲慘，那又如何？我們能夠讓他們自己做主。就算別人選擇過不健康的生活，那又如何？我們可以為他們感到難過，但好好健康地過自己想要的生活。一旦採行步驟三，我們就不再要讓我們的自尊取決於別人的行動、言詞、感覺或信念，無論這些人是我們過去或現在周遭的人。

「步驟三重新賦予我力量，最明顯的就是我瞭解到，自己不需要替老天代勞，」唐說。「我們家裡沒有好的榜樣，得不到尊重，也沒有人肯定過我，我因此對於自己是誰和上天感到困惑。我認為，我長大後遇到的人生困境，大部分是因為我耗盡心力去做上天的工作。我現在稍微明白，什麼是我的職責，什麼是上天的職責。這點在人際關係和工作上幫助我很大。」

我們剛開始復原或遭遇瓶頸時，都可以採行這個步驟。無論是人生的重大關頭，或是較為平淡的時刻；無論是困惑或絕望之時、感覺被困住之時，都可以採行步驟三。

當我看不見出路，當我絞盡腦汁卻領悟到自己其實什麼都不知道，當我明瞭自己再也無法往前猛衝，當我因為耗盡心力去控制而再也無法忍受，當我需要幫助來照顧自己，我便知道，順服的時刻到了。

當我終於明白，或許生命正在教導我新的、對我有益的東西，我便採行步驟三。當我發現自己需要改變想法或做法，我便實踐這個步驟。

當我準備好謙卑，我就實踐這個步驟。

當我們忽略自己，到了絕望、困惑、疲勞，甚至虧待自己的地步，我們可以採行步驟三。我們順服於更高的力量對我們生命的安排和旨意，而這其中也包含對自己的關愛。

除了我們自身之外，還有更好的方法。實踐步驟三能協助我們找到這個方法，儘管接下來要做的只是簡單的小事，例如洗碗，或看個電視。

我花了好幾年抗拒、否認，試著控制周遭人的行為，還有忽視自己。我投入於控制別人的努力毫無回報，他們的行為毫無改變，只讓我心力交瘁。我終於明白了一個事實：唯有接受現實，平靜地思考，在這樣的狀況下，該做什麼來照顧自己，我的情況才會改變。

我們不再抗拒，無論抗拒的是什麼。我們不再試著硬要把自己的安排加諸事物之上。然後我們讓情況以及我們在當中的角色自然發展。

事情會從我們內在開始轉變。那些我們現在還不知道、隨著時間推移才會看見的事情。因應我們當下的際遇，重要的改變正發生在我們身上。重要的改變正發生在其他人身上，就是現在。

數不清多少次，我向上天抗議、爭執著事情的走向。這樣不對，我尖叫著。這是錯的。事情不應該是這樣的。一個月、有時候是一年之後，我才看出箇中智慧。我才看到上天的遠大計劃，一切遠超過我所能想到的。然後，我感謝上天，真心感謝上天，事情有了好轉。我常常是感謝上天沒有按照我所想要的方式讓事情發展。

我們還無法知道上天的整個計劃是什麼。我們只能看見巨大畫作的一角。當我們放鬆、相信，並往後退，就能看到比較多。我們會有所理解。

這不表示我們不再感覺情緒。

這表示我們允許自己感覺情緒，傾聽這些感覺傳達的訊息。

這不表示我們接受來到我們面前的一切。這表示，我們學會了信任，當我們想拒絕的時候，我們會拒絕。這也表示，我們學會了信任，想接受的時候，自己會接受。

我剛採行這個步驟時，覺得很害怕。我以為自己需要消極、頭腦放空。但因為沒有其他選擇，我只好實踐。意志力已讓我的人生陷入越來越糟的局面，我再也不想、再也無法承擔。單憑著自己，我找不到出路，而且厭倦自己那麼努力卻沒什麼用。

從那之後，我稍稍瞭解了上天、上天對我人生的旨意，以及我與上天的關係。上天對我人生的旨意並非那種外在、不可能達成、強行加諸在我身上的課題。如果是上天的旨意，那就會發生。通常，不需我這邊控制、努力，它就會自然發生。

有時候，我要去學習的課題很艱難。不過學習這些課題是要讓我的內在轉變，我才能活出最好的人生。

通常，我需要等待得比我想的更久。而且等待過程中，我需要放下很多。

上天的愛即時且強大，但也很溫柔、療癒，而且滿是關懷。上天關心我想要與需要的。上天的旨意包含了管教，但不苛刻。上天不會讓我們覺得羞恥，但人會。然而上天會要求我為自己的行為負責。

我開始復原時，很害怕十二步驟是一種洗腦。現在我明白，復原以前我的人生才是涵蓋某種洗腦。十二步驟讓我重獲自由。

步驟三並不是要我們腦袋空空或沒有自我，而是學著信任自己的心智，信任我們一旦把自己託付給上天，更高的力量與上天的智慧會指引我們。這是與發現、肯定、關愛並信任自己有關。

有時候，我還是會害怕實踐步驟三。但我知道，我再也不必害怕。步驟三將會帶我回到正軌。

步驟三能引領我們進入生命的流動之中，帶我們度過關係的不和、自我的療癒、職場的問題和任何生命的困境。

進入上天的看顧，是溫柔的一步，會帶來平靜與和諧。這不代表我們的行動再也不會引發衝突、傷人感情，或導致其他人有所反應；而是說，我們的所作所為會是很合理、自然而且和諧。

順服無法出於強迫或假裝，只能出於核心、靈魂的層面——當我們不管怎樣都要去控制、操縱、影響或抵抗，最後就會變得難以承受。我們於是放下。我們說：「夠了，我願意放下事情應該要如何的既有想法。我願意放下我的侷限、目的、計劃和信念。我已經準備好，願意接受祢對我的安排。現在，請用我能夠理解的方式，向我揭示吧。」

我們會準備好，讓上天來愛我們，並且幫助我們愛自己。

實踐步驟三是我們展開新生命的一個起點。我們展開復原時，可以採行這個步驟。之後需要時，也可以採行。

一旦我們把自己託付給更高力量看顧，這個步驟就完成了。我們的生命與意志從此屬於上天。

過去出現在我們生命中的人，或許曾經遺棄我們。上天不會。遭逢逆境時，我們不必質疑上天是否還在、是否在乎，或是否知道發生了什麼事。

上天還在。上天在乎。上天的計劃是要我們參與其中，讓我們利用生命的各個事件與際遇，活出至高的良善。

我們如果犯了錯，不必擔心上天因此就離開或捨棄我們。上天不要求我們要完美。其他人可能指望我們完美；我們可能也是對自己這麼期待。但上天不會。

我們不必仰賴自己的感覺行事。我們能仰賴事實。即使有時候我們覺得自己或他人的人生是個錯誤，或者覺得時機不對，我們還是能相信自己不是一個錯誤，而且一切都會準時到來。

我們不必只靠著自己。我們不必要看得清楚。我們不需要明確知道接下來要做什麼，要往哪裡去。

有時候我們不見得喜歡這樣。我們可能不懂，可能不滿。沒關係，想抱怨就抱怨。就去排解掉不滿的情緒。

然後便能感恩。

我們如果將生命與意志託付給更高的力量看顧，就能信任自己的所作所為。我們可以信任自己，已經開始明白要做什麼來照顧自己。我們可以信任上天照看、協助我們，達成我們無法完成之事。

我們會坦然接受內心的改變、想法的轉變，還有我們際遇的轉變。

當我們終於說出口，承認我們放下，就是允許更高力量為我們完成我們無法做到之事。

順服讓我們願意接受教導。謙卑和放下讓順服成為可能。願意接受教導，讓我們得以學到我們永遠不可能學習到的事情，如果我們沒有意願成為學生的話。

有時候，我們向一切順服，稱之為上天的旨意，然後又感到憤怒、受傷，因而埋怨上天。這就與上天無關，而是與相互依存有關。

實踐步驟三時，我們理解到自己無法控制別人，就會停止這麼做。但我們也會理解，自己不再允許別人來控制我們。

這是自由的步驟。在這個步驟，我們決定以不同的方式過人生。我們有意識地決定，接受上天的協助，照顧我們自己。我們開始為自己建立一個我們想要的人生。

這個順服過程不會只發生一次，而是在我們學習各種課題時會反覆出現——包括療癒、解脫和愛的課題。每次我們都可能會想：「就這樣，我學會了！從此之後就自由了！」然後我們帶著慰藉與喜悅，又發現自己要從頭學起。

情況會出現。別人會進入我們的生活。想法、感覺會出現。舊的思維（負面、自我厭惡）會浮現，然後被帶離我們，被健康的想法取代。新的思維讓我們得以關愛自己，向他人付出愛，也接受他人的愛。我們會擁有的，恰好是我們能負擔的，也是我們所需要的。意義和課題將自行顯現。我們的生命會開始有意義，事件的發生也說得通了——至少從後見之明來看是如此。我們會發現自己從核心轉變，獲得療癒。

我們會發現，我們的信念最後是對的。

有些日子好像什麼都沒發生；有些日子則發生太多事情。要知道，每一天都會是安好的。

這是一趟振奮人心的旅程，有超乎我們理解的秘密、奧秘和課題。它賜予的禮物超出我們的雙臂或心靈所能捧住的。

信任這個過程。這趟旅程將以上天的力量，在最適合的時機，帶領我們前往我們真正想要、而且需要抵達之處。信任上天的安排，因為那比我們的計劃更好。信任我們自己，因為我們將自己託付給更高力量，一個遠遠比我們所知還要強大的力量。

讓步驟三發揮作用。讓步驟三帶我們到我們應該去的地方。然後敞開心胸，觀看那未知的奧秘。

練習

1. 為了牢記步驟三，你或許可以把它寫下來，當成一種宣告。例如：「今日，我已經把自己的生命與意志託付給上天看顧。一切都很好。」
2. 如果你知道，生命中一切都會安好、該發生的自然會發生，你覺得如何？如果你知道，事情都是由比你更強大的力量安排，會以對你最好的方式安排，你的行為會有什麼改變？
3. 如果你知道自己無力控制事件、結果或某個人，你的行為會有什麼不同？你會說什麼或做什麼？你會停止做什麼或說什麼？你會為了過現在自己的人生、活在當下，而為自己做什麼改變？

4.如果你不允許別人控制你，你的行為會有什麼不同？你打算怎麼過現在的生活？你的感覺會如何？

5.如果你不允許特定狀況控制你，或者如果你不試圖去控制那個特定狀況，而是順其自然，接受當下，你的感覺會如何？如果你不再對抗、抵抗這個情況，你的行為會有什麼不同？你的感覺會如何？

6.實踐步驟三通常會建立你與自己的連結。傾聽自己，寫下你的感覺、願望、需求和想法。打電話給一個你信任的人，與對方分享你的故事。用對自己負責的方式敘述，而不是以受害者的立場敘述。切勿要求對方拯救你。請對方傾聽，並接受你的現狀。

7.現在對你而言，最充滿愛、充滿關懷、讓你可以用來照顧自己、享受生命的是什麼？你打算用來做什麼？

步驟 4

徹底且無懼地清點自己道德上的優缺點。

自由是，不論是否可以得到你想要的，都不會封閉你的心的能力。

——史蒂芬·拉維

情況是這樣。該去參加聚會了。你很興奮，都準備好了。然後你想起來今晚主題是步驟四。你內心有一部分開始哀嚎，另一部分則一片空白。你寧可討論別的、和復原比較相關的主題，那你就會有比較多能說的。「要是步驟二就好了，」你對自己嘟噥。

或者，你到了現場，期待一場關於療癒的對話，然後發現主題是步驟四。參加聚會的每個夥伴都只聽不說，通常一個小時至一個小時半的聚會，竟然三十分鐘就結束。

或者，團體夥伴決定談談別的。步驟四幾乎沒被提起。「我在考慮實踐步驟四」、「我該這麼做了」、「時候差不多到了」。

或許，有可能，有一個人沒有跳過分享，坦率地談起自己實踐步驟四的經驗。你簡直不敢置信。那個人還真的拿出紙筆，寫下自己道德方面的優缺點。

你疑惑那個人怎麼有時候間和決心徹底採行步驟四。這個步驟的概念令你一頭霧水，讓你覺得愧疚、困惑，懷疑自己的復原過程究竟能不能走到這一步。然而，你看到那個人確實花時間實踐了步驟四，而且注意到對方有些不同。這人看起來對自己相當自在，令人羨慕。對方的復原讓人欽佩，你甚至還有點嫉妒。

不過，實際實踐步驟四還是會讓人覺得難以負荷。

對於已經參加團體聚會一陣子、卻還未實踐步驟四的人，或者有一陣子沒有再實踐步驟四的人而言，步驟四是會帶來恐懼、不安和罪惡感的步驟。是大掃除的時候。是療癒的時刻。令人卻步的步驟四。

「我已經在復原中，而且持續參加聚會六年了，」裘蒂說，「但我還是沒有實踐過步驟四。我就是很怕，不知道為什麼。」

我們許多人都能體會裘蒂的感覺。我能體會裘蒂的感覺。剛開始復原時，要我清點自己的種種實在令人難以承受。我不確定我是否還有自我，不確定會發現什麼。我的自我價值過於低落，實在不確定自己能否承擔更多的自我批判。

而且我不知道要從哪裡開始。我不知道自己要尋找什麼，也不知道找到的話該怎麼辦。我不理解這麼做的目的，也不覺得自己能做得好。實踐步驟四感覺很難，而且好像看起來很辛苦。

在本章中，我們將討論步驟四。我們會用新的觀點探究。我們會看看幾種實踐步驟四的簡單方法，還有花時間檢視內在能帶來的收穫。

檢視自己的內在

「相互依存潛藏在我所有成癮行為底下，」卡洛說。「我用其他東西來逃避痛苦，包括：情感、藥物或工作。我躲在情感關係中，就不用面對自己。」我們許多人都想逃避痛苦，都想逃避自己。或許，逃避面對自己最安全、最堅實的最後堡壘，就是將我們的際遇與狀況歸咎於其他人。但把注意力放在別人身上既不能解決我們的問題，也不能減輕我們的痛苦，只能轉移我們的注意力，卻無法達到我們想要追求的目標。我們不會因此療癒。把注意力放在別人身上不能改變我們的狀況。我們許多人犯下的錯，便是實踐步驟四之前就不再努力復原。我們復原的時間已經夠長，能夠辨識出別人的問題是什麼，而且瞭解那並不是我們的錯。不過，我們卻發現到，如果不能把自身當下際遇當做是一種檢視內在的挑戰、動力與邀請，我們會覺察同樣的行為模式會一直反覆上演。

我們可能因為認清一個人的問題而離開對方，又跟有著類似、或相同問題的人在一起。我們學到，這些重複的行為模式絕非巧合，而是在持續不斷邀請我們檢視內心，並且要從我們當下的狀況尋得療癒。

我們能歡迎、接受這個挑戰。

我們許多人都是從檢視自己周遭和外在來展開復原。這往往是生命吸引我們注意力的方式。我們生氣、抱怨，發怒、操縱、試圖控制並指責他人，堅持對方所作所為不當、我們不喜歡，希望他們停止。

這就是我們所說的「向外聚焦」。

確實，把注意力放在別人行為上面是正當、適當且有必要。不過，當我們詳盡討論另一個人討論到精疲力盡，無論對方是父母、子女、朋友、配偶、男友、女友、同事、老闆或員工，我們就會面對步驟四的提問：我怎麼了？我在幹嘛？我忽略了什麼？為什麼我需要經歷這些狀況？這些狀況觸動了我內在的什麼？有哪些陳年回憶、恐懼、情況重複出現？我在意的是什麼？我從這段經歷中學到什麼？

為了照顧自己，我需要學習什麼？阻止我如此做的又是什麼？

在這個步驟四，我們開始因應自身際遇來檢視自己。我們徹底且無懼地清點自己。步驟四並沒有要求我們充滿批判、敵意、責怪地列出自身種種問題。它也沒有要求我們無止盡地找出缺點，為自己卸責或過度怪罪自己，或者禁止我們向他人問責。步驟四要求的是「徹底且無懼」。

我們不必害怕會發現到什麼。我們只是決定檢視內心，尋找自我。

我們實踐步驟四的目的並非是要取代設立界線，也不是否認別人對我們的家庭和人生所做的、或沒有做的，以及這些帶來的影響。我們實踐步驟四並不是要否定自己的感覺。

我們實踐步驟四是為了貫徹復原的核心宗旨：為自己負責。

我們為自己負責——包括我們的際遇、我們是否選擇留在這些際遇當中，以及我們對這些際遇的態度。我們對自己在人生中所創造的、以及將創造的一切負責。我們為自己的感覺負責。這些都屬於我們。

相互依存的人會有個很大的錯覺：如果別人會去做某件事、如果我們身在別處、如果我們擁有了某個想要的東西，我們的感覺就會不同。錯。我們是可以搭飛機遊歷世界，但無論我們身處何地，直到好好處理自己的情緒之前，我們的感覺都不會改變。

如果我覺得悲慘，無論誰打電話給我，或者我去哪裡，我的感覺都不會改變，除非我面對、處理自己的情緒。如果我感到害怕，除非我面對自己的恐懼，否則還是會害怕。

當我們練習檢視內心，面對自己的內心，會發現自己越來越不受外在事物影響，越來越覺得有能力適當地因應當下的狀況。誠實地面對自己和為自己負責，是我們真正的力量泉源。

我們實踐步驟四來使我們有能力在現實生活中為自己負責。當檢視內心時，我們自然就明瞭了當下狀況要教我們的課題，因此得以避免重蹈覆轍。我們會獲得完整的療癒，充分享受生命與愛。

「實踐步驟四前，我看到一個異象，那是一個房子的地下室，」卡洛說。她已經加入戒酒無名會家屬團體十年了。「地下室漆黑，有個窗戶，但被煤灰弄得很暗，還有雜草遮住了。整個地方一團亂，堆滿雜物、骯髒，光線根本照不進去。」

「我感到害怕，這個地下室其實就在我的房子裡。真嚇人。我不想往裡頭看，不想走進去。但是我一直知道這裡的存在。」

「我現在已經實踐過幾次步驟四，」卡洛說，「每次實踐，這個地下室就會變得比較整齊乾淨。現在，當我看向房子裡的地下室，它看起來很不錯。經過重新裝潢，那裡已可以居住。窗戶都被清洗過，乾淨又明亮，裡面閃閃發光。」

「我再也不因為房子的這個部分感到害怕了。任何時候我想進去，我都可以自在地走進去，環顧四周。」

「這房子就是我。」

對未知感到恐懼是很正常，也很自然。恐懼漆黑、雜亂的地方也很正常。只是，那樣未知、漆黑且雜亂的地方，對我們的靈魂並不利。

「加入十二步驟復原計劃前，我保護自己不受負面情緒和恐懼影響，」凱西說，「我依附別人的人生而活。我總是更關心別人勝過自己。我不曾檢視自己的內心，想都沒想過。我感到空虛、無趣、淺薄。我的感覺與我打理家務的方式很像。家裡很乾淨，但如果一打開衣櫃，就會被淹沒，一移動沙發，灰塵便漫佈四周。」

步驟四是我們內在大掃除的起點，我們開始檢視內在，尋找問題與痛苦的解決方法，也是我們開始療癒自己身心的方式。

在這個步驟中，我們開始讓光照進內心。

徹底且無懼地列出

我們徹底且無懼地搜尋，是要尋找什麼？我們是要尋找自身與價值觀好的部分，也尋找我們所犯的過錯。然而，在搜尋自身的優缺點同時，也要包含尋找自我挫敗的行為，以及我們是否愛自己等。

我們盤點自己的行為，包括正面和負面的。我們檢視自己的過錯，包括大大小小的錯。我們檢視自己未曾做錯、卻還是感到愧疚的事。我們搜羅所有內疚，包括合理與不合理的，全都攤在光下。我們徹底且無懼地省視那些現在和過去困擾我們的一切，不受否認的侷限，不再害怕看到事實。

我們搜尋氣憤、恐懼、痛苦、狂怒和憎恨，以及對上天的憤怒。我們檢視成為受害者這件事，包括別人如何使我們成為受害者、我們如何允許別人將我們變成受害者，以及我們如何使自己成為受害者。

我們尋找令人痛苦、受到壓抑的記憶，我們找出自身恐懼、自我設限的信念，找出可能設定我們人生場景的錯誤訊息。

我們找出限制我們生活和愛的能力的障礙。

如此做的目的不是要批判，或是將我們的傷口挖得更深、怪罪我們自己或他人。我們這麼做，是為了從過往人生中所發生的一切療癒。我們這麼做，是為了承擔療癒自己的責任，盡可能為自己負責。

以下是實踐步驟四的幾種方式：

1.列出相互依存的特徵

我們可以把一些相互依存行為與特徵列出來，包括我們用來保護自己的行為、與這些行為有關的人，還有對於他們，我們暗藏在內的情緒。我們應該要把焦點放在這些行為上：照顧；控制；壓抑感覺；不適當地處理情緒；操縱；忽略自己；不為自己負責（包括情感與財務上）；擔憂；持續批判自己和自己的努力；感覺（任何事情）做得不夠好；不喜歡或不愛自己；不讓他人喜歡或愛自己；不關懷自己，或不讓自己接受自己所想要、所需要的關懷；把否認當作應對的工具；感覺自己是受害者；允許自己成為受害者；未設立界線；不信任自己的感覺與直覺；不信任上天；不信任生命或復原；不安全感；關係中缺乏親密感或滿足感；合理、不合理的罪惡感；性方面的行為（包括性關係的相互依存，也就是即使我們不想、仍與他人發生性關係，或為了討好他人，即使感到不自在仍與對方發生性關係）；過度執著；依賴他人；溝通不良；不坦誠（包括情感方面不坦誠）；想拒絕卻不拒絕；不將我們想要或需要說出口；不覺得有屬於自己的人生；自我價值低落；認為自己不值得他人或生命付出什麼；完美主義；對別人有不合理的期待；卡在關係中；在與他人（包括家人）的關係中，無法掌握自身的力量；變得固執、沒有彈性；受困於悲慘或負面想法中；不允許自己享樂；不必要地虧待自己；指望別人為自己負責；認為自己犧牲太多；頭腦不清或不切實際；欠缺自發性；不敢或無法解決問題；對自己和自身能力抱持負面看法；羞愧；過往（尤其是核心家庭的）未被解決的問題；與過往虐待有關的未被解決問題；對自己過往的情感經歷感到絕望；誤將痛苦或渴望視作愛；與朋友疏遠；無法完成日常慣例；充滿恐懼和恐慌；常吸引生病、依賴別人的人；常被失能的情感關係和職場環境吸引；以及任何因為以上特徵導致的憎恨。在相互依存後期，我們可能要檢視是否出現長期憂鬱、強迫症或成癮行為、因自我忽視而導致生病，以及自殺念頭。

「我列出的相互依存症狀當中，比較嚴重的是操縱和控制行為，」凱文說。「想到我能夠控制他人就覺得自己真的很強，而去控制別人的感覺，我才能感覺安全。我以前一定得比別人早一步，很害怕別人對我生氣、或者相處時不受我控制。我說自己欣賞自動自發的態度，但其實怕得要命。我老是在擔心別人對我的看法，而且我認為那是我能夠控制的。我對別人太過執著。」

2.概略描述生平

這是一個開始實踐步驟四的簡單方式。坐下來，拿出紙筆描述自己。從簡單的事情開始。你在哪裡出生？然後就這麼順著寫下去，想到什麼就寫什麼，從童年寫到現在。不必告訴自己應該要寫什麼，弄得很複雜。不必寫得多完美，累死自己。寫完初稿後，你可以接著實踐步驟五，找人討論，談談你發現了什麼。或者，你也可以試著更進一步剖析自己。

讀讀你的生平。漏掉了什麼嗎？有哪些部分你可以寫得更詳盡？學校生活如何？家庭成長經驗如何？你對自己和其他人有什麼感覺？什麼是你做得很好的？什麼是做得不好的？你對自己和人生想要擁有什麼？你對自己所做過與現在自己的樣子，覺得如何？別人對你的期望是什麼？你對自己的期望是什麼？你有什麼秘密？關於自己，你對外面世界隱瞞了什麼？你是否有一些會感到丟臉、覺得愧疚的秘密？要坦誠。現在並非斟酌用字的時候。你對別人犯過哪些錯？你認為別人對你犯過哪些錯？

記住，步驟四的目的不是維持和善或體面，而是解放一切。你的生平不會出版。放下包袱，把所有想說、需要說的都表達出來。

敘述你的關係、情緒、感覺和行為。你如何保護自己？做了什麼讓自己生存下來？定期來寫，幾年下來，這個練習會相當有趣。我們可能會驚訝地發現，我們對自己和人生的觀點是怎樣隨著我們轉變而改變。

3.以特定角度描述自己生平

有些人偏好聚焦於人生的某一部份，例如關係、家庭或工作歷程。如果你感覺自己卡在某個特定領域，這個方法會很有用。就從這個領域過往的經驗開始寫，例如：你會怎麼形容該段關係？關係是怎麼開始？怎麼結束？該段關係的美好部分是什麼？這段關係有哪些帶來創傷的事件？事件是如何結束或落幕？這段關係現在的狀態為何？你如何處理自己在這段關係中的感覺與需求？另一方如何處理？你覺得自己是受害者嗎？為何？你在這段關係中如何保護自己？你在這段關係中學到什麼？你是否曾根據這段關係的經歷而做出對自己或他人的自我挫敗性的重大定論，例如「女人（或男人、老闆、鄰居、親戚等）都不可信任」？你現在對另一方的感覺如何？你心裡面對於這段關係是否已能平靜看待？這段關係為你的人生帶來什麼美好事物？這段關係為你的人生帶來哪些痛苦？你現在對於自己、對方與這段關係的看法為何？感覺為何？

我們也能以同樣方式省視工作。寫下你的工作歷程。不是要你寫履歷，而是回顧你在職場上的自己、職場上的生活、行為與信念。這麼做能幫助我們找出導致自我挫敗行為的想法，協助我們探索自己的才華與能力。描述你的職場人際關係、得到工作時的感覺、工作經驗，以及現在對這份工作的感覺。你從工作經歷中得到哪些正面的收穫？負面的收穫？你對自己和自身工作能力的看法為何？在工作經歷中，你的行為有哪些部分令你感到困擾？你的感覺為何？

我們對自己、我們的感覺與想法描寫得越多，這個練習對我們的幫助就越大。

4.《大書》中的步驟四

這是步驟四原本最早建議的做法（出自《戒酒無名會——大書》）。這個做法要求我們誠實盤點自己。它簡單又直接。我們寫下我們所憎恨的人的名字和原因，寫下我們覺得那些人是怎樣對我們人生哪些層面造成傷害或影響。在這份憎恨清單上，要包括「現在或以前令我們生氣的人、機構或規定」。例如：「我對我的朋友感到氣憤，因為她很少打電話找我，影響了我的社交生活與我的身心健康。」

我們把自己的恐懼列出來。我們許多人瞭解到，恐懼是我們相互依存行為的基本動機。步驟四能幫助我們把這些恐懼找出來。「有時候，我們認為恐懼當與偷竊一樣，而恐懼似乎更麻煩，」《大書》作者寫道。

我們把恩怨與受過的傷害列出來——包括實際發生與出於想像。「顯然，懷著深深憎恨只會導致徒勞和不快樂。我們縱容這些，便是揮霍可能帶來真正價值的光陰，」《大書》寫道。「這是因為，當這些情緒駐留我們心中，就遮蔽了上天照向我們的陽光。」

我們並非要克制或壓抑憤怒和憎恨。我們早該處理這些感覺。這個方法的目的是把深埋我們心中的情緒挖出來，看清楚，讓我們好好感覺，與之告別。

步驟四中，我們或許會想涵蓋人生中所有出問題的部分——包括憤怒、憎恨、恐懼、性和金錢，以接納自己的態度，而不是羞愧，詳盡地檢視各個部分。

5.我們曾犯的過錯

這個方法是要誠實地評價我們做過而感到愧疚的事。它能幫我們釐清導致罪惡感與羞愧的言行，讓我們與過往的愧疚告別。它也能幫我們釐清我們不當的罪惡感——那些不是真正屬於我們的罪惡感，而是別人的。我們也是可以與之告別。此時，我們應屏棄所有合理化和藉口，並檢視內在。

請務必瞭解這點：虧待我們自己，與虧待他人同樣不應該。認為自己不值得被愛、愚蠢、沒有價值、不夠好、低人一等（或優越）是道德問題。沒有以關愛的方式照顧自己的感覺、需求和身心，是道德問題。沒有設立界線與原則、允許他人傷害我們，是道德問題，這麼做既幫不了對方，也傷了我們自己。說服自己忍受虧待，忽視自己，是道德問題。指望自己完美是錯的，不讓自己享受生命的樂趣，同樣是道德問題。

不傾聽自己、不信任自己是道德問題。不喜歡、不愛自己也是道德問題，而且是我們相互依存行為的核心問題。

6.他人曾對我們犯的過錯

從這個點實踐步驟四，能讓我們宣洩一切。我們可以從頭列出自己所有受害的經歷：

哪些人、機構、場合和想法使我們成為受害者、或傷害我們？如何傷害？為何？如何影響我們的人生？我們有何感覺？我們是否參與其中？例如，我們是否在應該拒絕某人時卻說好？為什麼沒有拒絕？如果我們照顧自己，我們害怕什麼會發生？我們為何在與對方相處時，未能掌握自身的力量？我們停止照顧自己背後的想法是什麼？

把所有牢騷全都寫下來，徹底地抱怨吧。然後我們就能做個了結，得到療癒。

7. 列出好的部分

我們絕大多數的相互依存行為，都和難以看清我們自己和生命中美好的部分有關。看見問題總是很容易。這個方法能有助於找出我們的優點、才華、價值和自己以前做過的對的事，對實踐步驟四很有幫助。一位過來人曾說，這可能是我們實踐步驟四時最困難的方式。

8. 列出憤怒、恐懼，還有，羞愧

列出所有讓我們火大的人、令我們害怕的事，以及所有討厭自己的地方。不要保留。這個做法相對簡單。就只要寫下現在和過往困擾我們的人跟事情。困擾指的是「令你沮喪、害怕、氣憤、絕望、狂怒、憤慨、受傷、丟臉、愧疚、擔憂或不安」，亦指「會觸發你有所回應，包括照顧或控制行為」。你可以列出對於自己與人生中覺得困擾的事情，也可以列出關於別人、關係或工作上的事情。

針對每個令你困擾的人或事件，寫下你的感覺與想法。例如：「和瑪姬共事讓我覺得困擾。她很強勢，又喜歡控制，我在她身邊會覺得自己很笨。」在每個狀況中，我們能為自己負起越多責任越好。這不是說我們要怪罪自己，而是要試圖找到問題的根源。例如，「瑪姬觸發了我認為自己很笨的想法。」這個想法對於我們的療癒很重要。如果我抱持自己很笨的想法，如果我瞭解自己抱持這樣的想法，我就可以放下這個既有的想法，將它轉變為比較理想的想法替代。例如，「我的能力足以勝任我的工作。我很聰明，與人相處時我能掌握自身的力量。」

但是，除非我們實踐步驟四的方法，不然我們無從得知要放下什麼、改變什麼。從根本而言，如果我們相信自己不值得被愛，我們就無法讓別人來愛我們；如果我們相信別人會傷害我們、佔我們便宜，他們可能就會這麼做。

在這個步驟中，我們能檢視越多童年發生的事，我們越可能療癒。我們在步驟四中講的大部分與原生家庭的課題有關。這是一個復原概念，意思是我們去檢視過往發生的事，特別是童年的經歷，來觀察這些事情在今天是如何影響自己。我們檢視童年時經歷的痛苦、發生的事情與虐待，能夠從中獲得解脫與療癒。

這個課題並不是要帶來羞恥或歸咎於他人與自己。不過，我們可能需要覺得憤怒一陣子。這個過程的重要性在於，終於可以去感覺我們需要感覺的痛苦與憤怒，因為唯有如此，才能放下這些感覺。我們需要把這些感覺從我們的內心、身體與靈魂中釋放，才能得著自由，不再受其控制和影響。

我們允許自己全然地為自己的失落哀傷。過往未被解決的情緒可能會驅使我們有今日的行為。沒有完成的事情不會自然消失，只會一再重複，直到我們準備好去處理它們。通常唯一該做的就是「接受」。有時候我們需要更多幫助，才能從我們的過往療癒。

我們省視過去拒絕承認的成癮行為與問題。如果家族曾有性成癮、酒精成癮、尚未被解決的相互依存行為或其他問題，需要加以正視，坦承它對我們人生的影響。

我們檢視過往接收的訊息是否還在控制我們現在的人生，例如：「不要有感覺」、「不要思考」、「不要做自己」、「不可以覺得自己很好」、「要做到完美」、「不要享樂」、「照顧他人、不要照顧自己」。我們許多人至今行為與生活仍深深受到這些與相互依存相關的訊息控制。我們也要檢視其他可能影響我們生活與關係品質的訊息，像是：「我不值得被愛」、「人不可信任」、「我很笨」、「我不配成功」、「我什麼都做不好」、「別人都會拒絕我」、「我一個人比較好」。

這些訊息可能是我們生命中強大的動力。如果我們相信自己不聰明，這樣的信念便會掌控我們的人生，我們可能會一直做些什麼來證明這是真的，或一直強迫自己去證明這不是真的。我們與其他人的互動可能受到有意識或無意識的需求影響，要去證明自己並不笨，只是害怕自己確實很笨。

如果我們相信自己不值得被愛，這樣的信念便會影響我們關係的品質，尤其是最重要的關係——我們與自己的關係。所有跟他人或我們自己有關或無關的事情，都可能源自於這個信念。

「不要有感覺」，這個訊息的效力很明顯。如果有感覺是不行的，那麼我們大部分清醒時間都是在抗拒、抵抗、拒絕傾聽與壓抑自己的感覺。如果情緒出現，比起實際去感覺，我們比較多時間是感到羞恥和尷尬。感覺是我們一個重要的部分。不去承認感覺是相互依存的一個關鍵問題，而感覺自己的情緒，允許自己有所感覺，則是復原的一大關鍵。

步驟四的目標之一是打開與療癒我們自己的情緒部分。

「十二步驟都肯定地提醒我，我自己是有感覺的，」提姆說。「這些步驟提醒我要關注自己的感覺，或讓感覺自然浮現，不要遺忘或忽視它們。」

我們許多人，包括我自己，都一直需要這個肯定與允諾。這些年來，學者專家稱酒精成癮為「感覺方面的疾病」，而相互依存也是。感覺並不是疾病；不去感覺、壓抑感覺和隱忍才是問題。

現今有些專家指出，沒有去感受的感覺會導致疾病，而且是身體疾病，有時候甚至會因此死亡。我同意。而且，如果沒了感覺，我們就不算真正活著。

我們可以把步驟四當做是坦誠表露情緒的工具，來檢視自己的情緒。當我們用點時間，清點自己真正感覺，會使我們成長許多。我們想要控制是因為恐懼嗎？我們憤怒是因為覺得丟臉嗎？生氣是否會讓我們身體不舒服？我們的感覺是什麼？

通常，為了瞭解我們現在的情緒，我們需要深入過去，找出過往的感覺，就是多年以前，那些我們沒有去感覺、但應該要去感覺的情緒。如果不這麼做，這些情緒會糾結在一起，令人困惑。我們可能將過去對父母的憤怒發洩於我們現在生活周遭的人身上。

切記，我們的感覺是我們的責任。那跟誰做了什麼無關。我們的感覺是我們自己的，無論他人改變與否，除非我們處理這些感覺，否則會一直跟著我們。

過往未被解決的感覺不會消失。我們許多人發現自己會製造出情境，觸發這些我們否認的感覺，直到我們覺得夠安全，能找到處理這些感覺的方式為止。例如，如果過去有個重要的人曾拒絕我們，我們可能會一直忍不住靠近對方，伺機製造出自己被拒絕的情境。我們解決這些感受的方式，便是承認、釋放這些過往的感覺，用正面的信念取代負面的信念。

我們可以學著讓自己去感覺，從過往積壓已久的情緒中療癒。我們可以學著適當地處理感覺。我們可以學著體會痛苦的感覺，然後獲得喜悅的感覺。

十二步驟能幫我們做到。

若要敞開自己的內心、自我和感覺，我們可能不只需要處理過去未被好好感受的細微情緒。有些專家像是派翠克．卡恩斯表示，從相互依存、化學物質成癮（或兩者都是）復原的絕大多數人，都需要面對過去未被解決的虐待問題，並從中療癒。那可能包括身體虐待、性虐待或情緒虐待。許多行為都可視為虐待，例如忽視、冷暴力和羞辱等。

運用復原計劃找出、接受我們曾受的虐待，並從中療癒，在我們的復原過程中是非常重要。有些復原中的人認為這是復原過程的核心。要瞭解，我們不是要這麼做去怪罪父母或其他人，而是停止否認事實，開始從這當中療癒。我們許多人與虐待共存太久，甚至無法覺察這些行為是虐待。我們稱之為常態，幫施虐者找藉口。有些人遭遇的虐待過於嚴重，甚至完全壓抑了受虐的記憶。

但那並不代表過去的虐待已經消失，反而會如影隨形，直到我們準備好面對。這種課題，這種深沉的課題，務必謹慎處理，不可隨意或貿然處理。如果必要，尋求專業協助。探索過往經歷時，要運用判斷力與洞察力。如果你曾經歷這樣的問題，當你準備好，當面對的時間到了，它會在合適的時間浮現出來。

如同喜劇演員路易．安德森所說，這不是要咎責。往往，我們的父母遭遇的虐待比我們的還嚴重。不過，受虐的人會虐待其他人，也會傷害自己。我們都需要開始找出這個問題，從中療癒，它才會停止。

成長於有成癮問題的家庭就是在受虐，不是正常。這樣的家庭無法培育出健康、有自尊、幸福的下一代，反倒往往製造出相互依存的問題。我們稱為相互依存的狀況並非近期才出現，有成癮問題的家庭也非前所未聞。復原才是新的概念。

我們終於能夠採取行動，終止家庭代代傳下的相互依存、羞恥與低自尊。我們能夠開始讓自己復原。

學會愛自己

除了找出過去的感覺、發生過的事件與信念，並從中療癒，實踐步驟四還有另一項重要的益處。有些人將十二步驟稱為「自私的」復原計劃。那是真的。我們是為了自己而復原，無論是誰的行為帶領我們進入十二步驟，無論我們起初的目標想幫助誰。十二步驟也是「自尊的」復原計劃。我們實踐這些步驟，擺脫羞恥、罪惡感與低自尊。我們實踐這些步驟，學習愛自己。然後，我們便能學習怎麼去愛別人，也讓別人來愛我們。

「合理的罪惡感」是指我們對於自己做過的某件事感覺很糟。如果我們對自己做過的某件事感覺很糟，我們可以加以彌補，與罪惡感道別。無論是改變自己行為或是做彌補，都有解決方法。

「羞愧」是指我們對於自己的存在感覺很糟。改變行為或做出彌補無法讓羞愧消失。羞愧會讓我們覺得只能為自己的存在道歉。我們許多人曾被羞愧控制。這有時候是來自於其他人，有時候是來自於我們內在。

步驟四能協助我們從羞愧轉換為充滿關愛、接納自己。我們將自己的罪惡感與羞愧整個清掉。

「接受」是指我們珍愛、關懷，並且無條件接受我們自己與我們的過去。它指的是我們容許自己犯錯或失誤。復原計劃的對象是人，而人並不完美。我們對於「完美」的新定義應該是：隨時接受自己是誰。過錯是我們的行為，但不是我們這個人。

實踐步驟四時，記得列出我們可能曾對自己犯下的過錯，例如：告訴自己不應該做自己；因為做自己，而懲罰與否定自己；虧待自己，沒有以我們值得的方式對待自己。我們對自己最嚴重的過錯，就是不愛自己，還有不接納、照顧、珍惜自己。

懂得愛自己的人不會停止成長或改變。會愛自己、接納自己的人，也會有能力去改變。這就是步驟四——延續我們從步驟一開始練習愛自己、接納自己的過程。

懂得愛自己的人不會變成自我中心。他們會成為能去愛別人的人，是因為他們愛自己與接納自己。任何人如果告訴你不該愛自己，說那樣不對、不好，千萬別相信。愛自己是你能為自己與身邊的人所做的最好、最健康、最充滿愛的事了。

步驟四把我們導向愛自己的正軌。

當我們實踐到步驟四時，我們被要求要專注在某些課題。那會很耗費心力。我們要尋找的是什麼呢？我們內心較為陰暗的一面，這一面妨礙了我們愛自己、愛別人、讓別人愛我們，這一面不讓我們找到我們想要而且應得的愛與快樂。

我們探尋過去經歷的恐懼、憤怒、傷痛和恥辱，那些埋藏在心底、到現在卻還影響著我們人生的感覺。這些感覺往往根植於過去我們與父母、或其他重要人士的關係。通常，我們現在會出現的反應，是與過往未被解決的感覺有關。要讓今天的我們自由，我們就需要從昨日的感覺中療癒。

我們找尋我們潛意識中對於自己與他人的想法，這些想法可能會影響我們現在生活的品質與關係。我們檢視自己的行為與模式，尤其著眼於可能導致自我挫敗的行為。

我們檢視自己心中暗藏了哪些目的；這些目的有時候甚至連我們自己都未覺察。

我們試著挖掘所有的罪惡感，無論合理或不合理，都暴露出來。

我們不是戒慎恐懼地在做這些，害怕著不知道會發現什麼。我們在做這些時，是對自己懷抱愛與同理心。在這過程中，我們允許自己去感覺對其他人我們應該會有的所有情緒，但是，我們的目標是對別人也懷抱一樣多的愛與同理心——只要這些愛與同理心不會使我們否認現實的情況加劇。一開始，我們可能需要感覺生氣，甚至大怒，接著我們要努力去寬恕。我們回顧過去要時間夠久，才能夠最後將之拋諸腦後，放自己自由。

一旦開始進行這個過程，我們往往會發現效果如滾雪球一般。只要我們敞開心胸、願意，療癒便會自行推進。

我們在本章節討論了幾種實踐步驟四的方法。不過上述的方法並非全部。如果你，或你認識的人，有其他適合你的方法，不妨試試看。

有些人，像路易．安德森，發現寫信很有幫助。《親愛的父親》一書便是他寫給自己已故、酗酒父親的一系列書信，內容環繞父親的酗酒行為如何影響他自己和他們父子的關係。他在信中處理了自己的各種情緒，從憤怒、困惑，到愛與接受。

有些人是直接寫下來。

「我已經實踐這個步驟三次了，」珍說。「我坐下來，拿出筆記本，然後一直寫、寫、寫。這對我很有效。」

有些人表示，他們是分成一小段、一小段地來進行這個步驟，而非一口氣直接面對自己的過往。

有些人因為過去經歷的嚴重程度，發現尋求專業協助較為有用。按摩對於探索、尋找與釋放塵封的記憶和訊息會有幫助，也有助於從中療癒。其他另類的醫療形式也可能有所幫助。

未被解決的感覺、痛苦與想法並不會因為我們否認、壓抑而消失。它們會深深埋藏於我們的身體組織裡，不停地出現在我們的行為中，直到我們療癒為止。是的，療癒是可能的。我們受到的影響多深，就能療癒得多徹底。

不必擔心要把這個步驟實踐得多完美。不必擔心自己做得不夠好。只要我們付出努力實踐，步驟四就會發揮效用。它會啟動療癒，帶我們前進。選一個實踐的方式，然後就去進行。盡可能誠實，保持開放的態度。當步驟四認為該做什麼時，就敞開心胸去做自己感覺是對的事情。你不必讓它令你難以負荷。有些人展開復原時，會對自己吹毛求疵，需要等一至兩年再來實踐這個步驟。

如果你覺得還沒準備好，也不用擔心。就像其他步驟，時候到了，這個步驟會自己找到你。時候到了，你就會知道。

敞開心胸去愛

我花了幾年的時間才體認到，當將步驟四應用在我們復原上，它所展現的力量、重要意義與效用。讓我來分享我自己的經歷，還有步驟四在我生命中所做到的事。

我第一次鼓起勇氣檢視內心，覺得嚇到了。我一生都在想盡辦法逃避面對自己。我渴求、倚賴各種成癮行為、關係或外在的事物。我這麼做是因為害怕，害怕不知道會發現什麼，害怕找出埋藏在內心很久的什麼，會帶來情緒上的衝擊。也許我怕會發現自己內在什麼也沒有，或者全然黑暗。

我不知道如何檢視內在，直到我找到步驟四這個工具。

我第一次檢視自己時，是很粗略與粗淺。感謝老天，步驟四只要我做到這樣就可以，因為我這粗略又粗淺的自身檢驗，已經推動我往復原邁進。

這樣就足夠了。

我寫了自傳。我寫下我所想到、關於自己的事，大概有八至十五頁。我另外還附了一份清單，列出的是帶給我最多羞恥的種種秘密。當時我盡全力了。

我第二次實踐步驟四已比較熟練。當時，我又多投入了一年的時間復原，比較能覺察什麼在困擾我，以及其他讓我感覺很不好的秘密——也就是那些我忽視的事情。我將這些新的見解融入步驟四的實踐中。

接著，真正的實踐才要開始。我進入較深的層面來檢視自己，不是只粗略地描述童年，而是詳盡描述我的靈魂與內心，還有形塑出它們的所有一切。

檢視內在的過程是體驗式的。我開始徹底採行步驟四。生命不停戳弄我，引起我的注意，直到我極為仔細審視內心，結果，終於，我真的能夠看見「我」了。我開始看到自己那些招致傷害的行為背後，有更多的東西。在自傳裡檢視自己行為的過程是非常關鍵。我第一次實踐步驟四的少許經驗，剝開了我內心傷痛的層層外殼。但底下還深埋了更多。

這樣無懼地探尋，這樣檢視內在，成為一種強迫性的過程，是由復原、生命與更高的力量加諸在我身上的。我並不喜歡，但還是學習接受與經歷它。我過去會想用別人、環境與外在事物轉移焦點，讓自己不要去感覺。甚至當我被迫去檢視內在（因為我已順服上天，祂對我的關愛足以迫使我這麼做），我心中仍有一小部分堅持相信，如果去操縱情況，例如改變身處的地點或心境，就能停止自己的痛苦。

痛苦沒有停止。對此我非常感恩，因為這是好的痛，是療癒的痛。最後，生命讓我明白了。我瞭解，不論怎麼改變當下際遇，我還是會感受到自己感覺到的情緒，而且面對自己正要面臨的課題，因為時間到了。終於，到了我獲得療癒的時候了。我曾祈求過這會發生。現在我正接受著這份療癒的禮物。

會痛。我終於要面對的那個痛苦已經與我共存了許久。它埋藏得如此之深，伴隨著它的訊息也是如此，以致於我無法認得它是痛苦或負面訊息。我只能覺察到，自己活著（或者，部分活著）的那種空洞，與揮之不去的痛苦。

我內心有哀傷，我內心充滿哀傷、孤獨和痛苦。我的內心四周有重重的圍牆，讓我無法容忍接受別人的愛。

很久了，我否認自己的感覺，對自己的感覺視而不見——那些對父親、母親、朋友和我自己的情緒——以致於我活在錯覺與妄想之中。被拒絕與憂傷的感覺，伴隨著我認為自己不夠好、永遠不夠好的信念。我用一種怪異的二分法來偽裝，在優越感與自卑感之間來回擺盪。

我在小時候曾被忽視，被灌輸對於自己的錯誤觀念，遭受虐待、虧待，連兒童維持基本健康的需求都被忽略。為了生存，我為自己編織可怕的謊言。我把自己洗腦，為那些跟我一起生活的人，找一個又一個的藉口開脫。

最大的痛苦並不是來自我所經歷的一切，而是來自我對這些經歷的反應：否認與自我拒絕。我學會接受生命給我的就是這麼一點點，因為我相信自己只值得如此。

我瞭解到，我是多麼害怕去生活、隨心所欲地體驗生命的一切、自由地去愛與活著。我說想要建立關係，卻不想真的與人親密。我只是想要有人做為緩衝。我想要的是一座堡壘，讓我可以躲在裡面。但是，即使躲在失能的關係當中，我還是掩藏不了。上天持續將光照向我，提醒我、要我面對真實的自己。

我瞭解到，除非我在與父母相處時能掌握自身的力量，否則我無法在與伴侶相處時掌握自身的力量。除非我掙脫原有的桎梏，獲得自由做自己、好好生活、大步走向這個世界，否則我無法自由地去愛。

這個過程帶來巨大的傷痛。不得不自己一個人、掌握自身的力量、感覺自己的情緒、不再躲起來、正面去經歷生命，這一切都引發出令人難以負荷的情緒。我已經花了一輩子時間在逃避感覺，關閉心靈的能量，絞盡腦汁保護自己；被迫面對自己情緒的部分，也就是我的內心，讓我感到非常痛苦、極為不安和彆扭，使得我整整一年多都在那裡哀嚎、抱怨，對整個復原過程發牢騷。

這種不舒服的感覺讓我痛苦不堪。我反覆經歷哀慟的過程，從化解對某個問題的否認開始，接著馬上又火大狂怒，直到我接受當下錐心的痛苦與憂傷。然後，接下來幾天，我稍稍平復，但又會有另一個被壓抑與否認的問題浮現，開始新的一個過程。反反覆覆，我哀悼從出生到現在一個又一個的失落。

生命持續帶給我那些我需要去檢視自己的經歷。我感受到我從來不知道自己有過的憤怒。一頁又一頁，恐懼和負面的信念從我的內在如洪流般湧出。

「難受」已不足以形容經歷這個療癒過程的體驗。我以為這就是全部了。我以為自己只希望某一天這個過程可以結束，我能夠回到過去的感覺。但是，後頭還有更多。一天晚上我獨自在家，經歷了一場心靈體驗。這發生在我的內心。彷彿是一道大浪打來，我突然明白，我需要寬恕一切，包括過去遇過的每一個人。這個體悟席捲我全身，是一種心靈上的念頭，就像是上天指引。它也充滿人性，就像在說「該去採買了」。它是一種覺察。立刻，那些我需要去寬恕的人，名單就這麼出現，從我的頭腦進入我的內心，一股滿懷寬恕與愛的念頭，流經了每個名字。寬恕是個禮物。我要做的就是願意接受，而我不確定自己在其中扮演了多重要的角色。

好一陣子，我都以為憤怒和承認就是復原過程的全部。確實，它們很重要，但只是整個體驗的一部份而已。

每個人名、每個人和寬恕他們的想法流過我的內心，我感覺得到自己的心愈來越輕盈。我的身體曾感覺到的那些重擔和痛苦，那些包圍我的心的鋼柵正在融化。緊勒著我胸口的拘束帶鬆開了，我裡面以前封閉的部分終於解開了。

那就是我的心。

體驗的最後，我明白還有一人需要寬恕。接納、寬恕這個人花了我最長的時間跟最多的力氣。那個人就是我。

多年來，我用銅牆鐵壁將自己護衛起來。現在，我的心門終於打開，能以全新方式去愛。我的感覺中樞已變得暢通。情緒如潮水般向我湧來，它們來到，湧現，然後退去。我很感恩，自己能夠自由自在地去感覺、體驗。而有一種新的感覺是我以前從未有過的，那就是：愛。

多麼強大啊。第一次在我的人生中，我體驗到無條件的愛。我從其他人感覺到愛，我對其他人也感受到這個愛。它和我過往感覺到的愛是如此不同。它是如此巨大。

第一次在我的人生中，我有餘裕愛自己、愛其他人，也允許其他人愛我。

我依然會感到恐懼，不過就像其他情緒，只要我面對、承認，它就會消散。我的心向愛、喜悅、平和、憂傷、憤怒與恐懼敞開，一切心能感覺到的都包括在內。周圍的刀、尖刺與荊棘已經清除。那是一顆美善的心。我聽得見它在跳動，我能夠感覺得到。

是真的。有時候我覺得自己像《綠野仙蹤》裡的錫人。我終於有了一顆心。我是真實的人，而且有能力去愛。或許我一直都有這顆心，但是在它獲得療癒之前，它不會變成真的。

現在，當我聽到其他人對步驟四感到畏怯，我會偷笑。「我還沒正式實踐過」、「我好像該實踐了，但我還沒準備好，」他們說。「我還沒時間走到那步，」他們嘟噥道。我能理解他們的恐懼，我也瞭解整個過程。如果他們生命與復原停滯的時間過久，他們最後應該都會像我一樣去實踐，不管準備好了沒。

然後，他們會慶幸自己這麼做了。

我記得我曾要上天幫助我療癒，幫助我真正深入地實踐步驟四。上天會回應我們的祈求，只要是對我們最有益的，就算我們忘了自己曾祈求過，就算我們害怕上天會回應。

我們採行這些步驟是要從痛苦、恐懼、罪惡感與自我設限的信念中療癒，但是要做到這點，我們需要先辨識出它們。這就是我們在步驟四的課題。那些鼓起勇氣檢視內在的人，是與自己相處最自在的人，面對復原也最自在。

步驟四是療癒的步驟。這是一個療癒心靈的步驟。這個步驟可以改變生命。深入檢視，盡可能深入檢視你的內心。從表層開始，讓過程自然帶你漸漸深入。別害怕會發現到什麼。發生在我們身上的，可能是很黑暗，但我們的核心是美善的。

實踐步驟四一次、兩次，有必要時就去實踐。讓檢視內心的過程成為一種面對人生與際遇的習慣反應。不是去歸咎。不是因為別人的行為責怪自己，而是去探索自己、瞭解自己、為自己負責，並珍視自己。採行這個步驟，來賦予我們力量，讓我們能去療癒，並且在任何狀況下都能照顧自己。

如果我們不確定自己要處理的問題是什麼，請求上天為我們揭示。請上天告訴我們，我們需要在內心面對什麼。上天會回應的。

當我們找到勇氣檢視內在，瞭解自己內在真正的狀況，當我們接納真實的自己，包括我們的陰暗面，會發現我們的外在、周圍和內在開始改變。不去面對自己的痛苦、不去面對自己的恐懼，常是導致我們稱為相互依存行為的最大動力。檢視自己內心是一個重要關鍵，能釋放我們的痛苦，為我們的人生帶來復原與健康。

在剛開始復原時，我們往往會需要把矛頭指向他人。在哀慟的過程中，我們需要生起氣來、憤慨，甚至怪罪。如果我們只求不會被怪罪，如果我們只求暫時解脫與道德上的優越感，那我們是可以一直這麼做。但是，如果我們對復原、對人生追求的更多，那麼答案就是去檢視內在。我們會停止關注別人來停止我們的痛苦，來幫助我們覺得好過一些。我們會開始，借助更高的高力量，為我們自己這麼做。

有人說，酒精成癮者很熱情地在採行這些步驟是因為這攸關他們的人生。相互依存的人也是。一旦我們明白自己真正的內在是如何，便很快會瞭解，我們需要做的就是去照顧自己。

採行這個步驟時要坦誠，但也要對自己溫柔跟體諒。

我們一直以來的所作所為，我們認為都是為了自己生存。現在，我們開始朝向活出完整的人生出發。

練習

1. 你是否曾面對原生家庭的課題？你曾辨識出以前既有的信念或感覺嗎？
2. 你是否已經採行過步驟四？你可以感受到自己最近的感覺與問題嗎？
3. 有任何採行這個步驟的建議讓你感興趣？你可以為實踐這個步驟訂下合理目標。先寫下自己的目標，想給自己多久的時間完成都可以。例如：「我想在未來十八個月內採行步驟四」或「我想在接下來三週內實踐步驟四」。

4. 你是否覺得人生中有面臨阻礙的地方？你認為針對那個部分實踐步驟四會有幫助嗎？

步驟 5

向上天、自己與他人承認我們犯錯的真正本質。

真理必叫你們得以自由。

——約翰福音 8:32

我展開復原之前，從沒想過要對任何人坦誠，包括我自己。從我會說話以來，誠實面對自己，面對我的想法、感覺、信念、想要與不想要的，是不可能的。

沒有人教我誠實。

我第一次在復原過程中實踐步驟五可說是一種突破。向另一個人、向上天坦誠地揭露自己，然後以接納、關懷與寬恕的態度面對自己，顛覆了我的想法。如《大書》所說，十二步驟把我提升至生命的另一個層次。

坦誠說出自己是誰，這個動作並不只限於步驟五裡頭一小時的告解。它會開始延伸。我開始向諮商師、跟朋友、在聚會時揭露自己。這改變了我。步驟五改變了我。閱讀《為什麼我不敢告訴你我是誰》一書也改變了我。

在團體聚會時表達自己的想法與感覺、向朋友誠實揭露自己，跟走進告解室講出自己一大堆罪過一樣，都讓我恐懼。不過，這種自我揭露的經歷，這種十二步驟要求的坦誠，真的是攸關生死。

就像我所經歷的其他改變，我也不確定自己在其中出了多少力。因為我願意、願意敞開心胸，因為我要為自己的人生負責，改變就發生了。誠實是一個禮物，而我表達坦誠的方式，就是張開口、彆扭地試著向他人揭露自己。

我還記得自己第一次實踐步驟五的情形。那時，關於自己，我能發現的只有自己的負面部分、過錯、人生中我做過的所有糟糕事、我的缺點。或許，這些是我當時需要看到的。不過，聽我告解的神職人員相當睿智。他很有同理心。在我離開前，他告訴我，我有一個優點。

「梅樂蒂，你要知道，你也有優點的，」他說。

「什麼？」我問。

他告訴我，他觀察到我的一個優點。我現在已經記不得那到底是什麼，可能是堅持或決心之類的。但是光聽到我原來還有可取之處，就讓我感覺非常好，足以讓我再堅持幾年，直到我慢慢能夠開始看見自己的優點。

這個步驟對於讓別人接納我、相信我，很有幫助。它開始了我接納自己、相信自己的過程。單單去想我是誰，不論是指我的感覺、行為和信念，是不夠的。我需要將自己揭露。我需要向上天坦誠。我需要向自己坦誠。我也需要冒險向其他人坦誠。坦誠讓我自由。

而這就是步驟五。

我認為步驟五有兩個重要的部分：在形式上採行這個步驟時，我們被要求集中心力去做的告解；還有向與我們有關的人適當的坦白、展現自己脆弱的練習。接下來我們就來討論這兩者。

向他人坦承

自古以來，各宗教都提倡告解對靈魂有益。確實。它對相互依存者尤其是如此，不過，讓我們來換個說法。告解、誠實與展現脆弱對我們療癒自己與靈魂都有益。

有些人將相互依存稱為疾病、一種病症。有些人稱它為問題。有些人不知該如何稱呼，有些人則排斥稱呼它為「相互依存」。但我們許多人稱它為「靈魂生病」。我們在復原過程中所做的，即是每天在實踐我們稱為「復原」的行為。我們尋求的是，自己在心理與靈魂層面的轉變，這轉變會展現於我們的生活與人際關係上，而且一切都從我們與自己的關係開始。

要啟動這個過程，我們勢必得挖掘、釋放、擺脫，以及放下羞恥、恐懼、秘密，還有在我們內心裡困擾我們、讓我們覺得不如人、壓得我們喘不過氣、覺得很有負擔、覺得自己很糟的所有一切。要做到這些，我們需要張開口，說出來。這看似簡單，但卻是開啟我們療癒的有效方式。我們只要用為自己負責、接納、寬恕的態度，來向自己、別人與上天講出真實的自己。

開口說出真相具有某種魔力，但會令人害怕。它也有療癒的作用。我們所經歷的這個療癒過程中，重要的是與自己、更高力量和他人建立連結。坦白自己能幫助我們做到。

如果我們完成了步驟四的課題，如果我們已列出自己道德的優缺點，我們便已開始動搖了我們的靈魂。我們等於像是拿起鋼刷，開始刷洗裡頭的碎屑和薄膜——也就是那些阻礙我們去過自己想過的人生的東西。無論我們以何種形式實踐步驟四，無論規模大小，我們都已經鬆動了一些需要立刻被清除的東西。

我們一旦開始鬆動這些內在的「東西」，往往便會注意到還有更多。我們可能感到沉重，可能開始注意到自己的感覺、需求、罪惡感與負擔。我們需要趕快找人討論。我們需要快一點進入步驟五，把這些鬆動的塵垢沖洗乾淨。

完成步驟四後，盡快實踐步驟五是很重要的。有些人甚至建議，在採行步驟四之前就先約訂會面，來實踐步驟五，給自己差不多兩週的時間。他們認為，可以先為實踐步驟四訂定期限，完成後馬上開始步驟五的「淨化」。無論我們怎麼進行，我們可以幫自己一個忙，盡快實踐步驟五。十二步驟中，多數步驟完成後都不需急著往下一步驟邁進，但步驟五例外。

傳統步驟五的做法是在完成步驟四後盡快與他人見面，但對方要受過傾聽步驟五內容的訓練。我們與對方單獨坐在房間裡，向對方講述，我們在採行步驟四時發現了什麼。

我們以謙卑、坦白、為自己負責、誠實的態度來講述。接著，讓復原過程自己開展。我們會開始觸及那些困擾我們的事物的核心與本質。對我們許多人而言，這是我們人生中第一次這麼做。

這個步驟五通常需要一個小時，有時會更長。有時候，如釋重負的感覺不會馬上出現。不過許多人會立刻感到輕鬆多了。離開時，他們的心再也不會感到沉重。有些人並沒有立即出現這種輕鬆感，但漸漸發現步驟五的效果，就像其他步驟一樣。儘管他們沒有注意到自己感覺的方式出現了極大的改變，但步驟五已帶領他們往前邁進。

有些人發覺自己得到啟發、洞見，深埋的愧疚感也湧出——那些他們已經遺忘，或從來不打算討論的愧疚感。

有些人因為自己的心聲終於被聽見而如釋重負。

「竟然有人願意聽我講八十四頁長的人生故事，而沒有睡著，也沒嚇到，真是太好了，」珍說。「我覺得上天對我真的很溫柔。我當時還承受不了太多，不太能理解。」

有些人無法在會面的第一個小時就觸及問題核心。他們可能需要回到步驟四，多往深處挖掘，再約定下一次會面。

有時候，例如像珍，我們發現，復原的時間越長，我們越能看清自己與自己的問題。

每隔一陣子實踐步驟四和五會有所助益，因為隨著否認事實的程度漸漸降低，我們會更瞭解自己和自己的行為。

無論是怎麼發生，不論結果是什麼，只要我們盡力實踐這個步驟，我們就能信任復原的過程會持續進行。採行這些步驟時，我們要做的是盡力就好，盡我們所能做到最好，讓它們在我們的生命中發揮作用。

我們許多人，包括我在內，會發現檢視內在需要分層次進行，例如一年盡力實踐一次步驟四和步驟五，然後隔年再更深一層檢視自己。我開始復原時，對自己完全看不清，問題、秘密、羞恥和罪惡感，原先我根本無法辨別。甚至在我發現到這些問題之前，我都還需要更多時間復原。我需要一次剝開自己一層，等它們浮現，然後再來處理下一層。

完成步驟四的列表之後，盡快採行步驟五非常重要，而且慎選步驟五中傾聽我們的人也很重要。有人會找神職人員，有些不會。有些人是選擇復原計劃中他們信任的輔導員，有些則四處尋覓，直到找到適合人選為止。有一個重要的選擇標準就是：我們選擇有在步驟五傾聽經驗的人、之前實踐過的人，還有知道我們在尋找什麼的人、能協助並引領我們經歷整個復原過程的人。

在實踐步驟五時，若是選擇沒有受過訓練的人，或不太會引導的人，會帶來負面經驗。

我曾經向一位神職人員做步驟五的告解，但他卻想要羞辱我，說服我接受他的宗教。離開時，我覺得很有罪惡感與不安全感。這不代表我實踐步驟五是錯的，而是我沒有找到最適合的人傾聽。

傑克是個牧師，參加戒酒無名會家屬團體已經六年。他的上一代是酗酒者，妻子的上一代也是；她已經參加家屬團體八年了。

「我曾經小小地實踐步驟四，」傑克說，「我明年的目標是正式實踐步驟四和步驟五。而做為一個牧師，我在實踐自己的步驟五前，不會去傾聽別人的步驟五告解。」

有時候，透過口耳相傳的介紹，會有助於找到傾聽我們步驟五的人。如果找不到適合人選，覺得遇到瓶頸，我們可以向所屬的聚會團體打聽看看。

我們可以打電話給教會，詢問是否有人受過步驟五的相關訓練，或聯絡當地復原中心，請他們推薦人選。無論最後我們選擇向誰袒露我們的靈魂，最好這個人是受過訓練、有愛心、能夠協助我們找到問題的核心，引領我們找到寬恕、對自己同理，並且接納自己。

我們還要確保，在講出自己最深沉的秘密時，傾聽的那個人會對我們的告解守口如瓶。

大多數人都同意，最好不要找鄰居、朋友、配偶或其他家人來傾聽我們實踐步驟五的告解，那樣可能適得其反，傷害到我們。我們要學習展現脆弱跟坦誠，而照顧自己有部分是指，我們要謹慎選擇傾聽的對象，以確保我們透露的訊息不至於反過來傷害到我們。

如果對方能在我們身上看見良善和值得肯定的特質，那也有幫助，尤其在我們自己還無法看到自己這些優點時。

步驟四要求我們徹底檢視自己，是會令人害怕的。而要我們從容走進某人的辦公室，說起最困擾自己的事情、努力要否認的事情，是會令人恐懼的。這並不容易。但亦非不可能。

有時候，我們會發現最困擾自己的事情——很多人是小時候偷東西，有些人則是自己的缺點和生命的缺憾——一旦我們揭露出來，似乎也沒有我們所想的那麼糟。我們瞭解到，沒有人是完美的，也毋需追求完美。不過，當有什麼事情困擾我們，我們需要表露出來，從中獲得療癒。如果覺得煩惱，我們就需要說出來。而且越是感到困擾，引發的羞愧和自我厭惡就會越多，對我們與我們人生的控制就會越大，那麼，開誠布公講出來就益發重要。

我在採行步驟五時有一大原則：無論是什麼，我最不想講的，就是我最需要坦白的事情。為了療癒，我最害怕與最覺得丟臉講出來的，可能就是我當時最需要說出口的事。

第一次我這麼做時，第一次我吐露糾纏我多年的秘密、罪惡感、恐懼、憤怒與痛苦時——尤其是我犯的過錯——我覺得自己周遭的牆會坍塌。結果呢？確實如此。

「步驟五幫助我推倒了我自己築起的高牆，」珍說，「而且我再也不想築起這些牆了。

我會死在這些牆後面，死於自己的性格缺陷。我無法推倒它們，但當我準備好放手的時候，上天幫助我做到了。」

每天坦誠

在實踐步驟五時，除了訂定會面時間與坦誠告解之外，另一個重要部分是學習適當地向他人展現我們的脆弱、誠實地表達自我。本章前段我分享了自己實踐步驟五的經驗——對某個人說出我曾犯下的過錯。那確實困難，令人卻步。不過更困難、更令我害怕的，是學會常常對他人和對自己誠實。

展現自己的長處很容易。感覺很好的時候、身心穩定的時候、事情順利的時候，跟別人分享，都很容易。我從相互依存復原時，瞭解到自己需要去做別的事。為了讓身心健康，我需要跟他人講出、顯露出自己不想讓別人知道的部分：我脆弱、感到害怕、有需求，包括對他人的需求。我需要顯現自己會生氣、有感覺、一點也不完美的部分。

我的相互依存多以「覺得自己要完美」為主。一旦出現這種感覺，我就會把自己逼得抓狂。我會把自認不夠完美的部分，對自己跟別人隱藏起來。一旦我認為自己不應該有感覺，我就閃躲自己的情緒，當然也無法向他人透露。我的相互依存大多是因為無法辨別自己的需求、無法為自己的需求負責。我的復原大多意味著要學習覺察這些需求，向別人揭露。

其中一個我發現到的需求是，把真實的自己坦誠公開地呈現在他人面前。這並不容易，我還在學習。別人來找我，會遠比我去找別人容易多了。

需要時，學習向別人求助有益於我們的靈魂。我們不是在麻煩別人。我們不是負擔。

我發現，我越正視自己真正的需求，就越不會感到「匱乏」。當我為自己的需求負責，這些需求就不會掌控我了。當我對自己夠尊重，足以讓我傾聽自己需要什麼，然後負起責任——無論是打電話找朋友聊聊自己的感覺、休息一下出門散步、渡假、週六早晨賴床看電視，或是洗個熱水澡——我就越能正常生活。

自從實踐步驟五之後，我已經慢慢學會向他人敞開心胸。我學到，真正的堅強在於坦承脆弱。

我也學到其他事情。在我完全準備好接受真正的自己、我的感覺、我的需要和我的心聲之前，我不可能與他人建立親密關係。當我準備好，敢大膽與人建立關係，就像敢走進做步驟五告解的地方，我就能得到自己想要的關係。

這並不是說要向人懺悔自己所犯的過錯。我指的是講出自己最深沉的秘密，也就是：我是誰。

在關係中隱藏自己，這後來都成為我想要控制別人的最終手段。如果我不表達自己感覺怎樣、想要什麼、在想什麼，或許別人就會喜歡我。如果我成為對方想要的樣子，如果我不挑戰現狀，如果我放棄自身的力量，或許對方就會喜歡我。然後我就可以控制跟對方的關係發展。這些都是錯覺。當我沒有展露真實的自己，我跟其他人的關係就會變得淺薄，而我真實的樣貌總有一天會出現。到時，我會感到憎恨、憤怒、覺得需要他人。為別人而擱置我們的人生，是沒有用的。

「我已經完成步驟五，但現在我還是會和朋友小小實踐步驟五，」茱蒂說，「我向他們展現真實的自己。我會試著保持當下的樣貌。」

如果我們想要破除關係中的高牆，我們需要先推倒自己內心的高牆。這是運用我們自身力量的一個有效且適當方法。

對上天與自己坦承

我們已經談過，告訴別人我們的缺點、過錯、失敗與秘密，也討論過跟別人談及自己，包括我們是誰，還有我們的感覺、想法、需求與欲望。這個步驟還有另外兩個部分。

我們需要向上天揭露自我。無論是靜靜地、大聲地或沈默地，在晨間靜坐冥想時、下午休息時，或晚間散步時，我們需要告訴上天：「這就是我。」這就是我的事、這就是我的感覺、這就是我正在經歷的、這就是我的擔憂。這些是我的恐懼、我的希望。這些是我過去的信念。這是我覺得自己無法承擔、覺得自己做不到的。這是我需要幫助的事。上天啊，這就是我。

我們需要誠實、坦白，向更高的力量展現脆弱。當我們做到，就能達到心靈的至高境界。向上天坦誠，並不會為上天帶來負擔。這是上天希望的。而且上天很在乎。

除了向上天傾訴，我們也需要告訴自己我們是誰、想要什麼、做了什麼，還有我們的過錯、秘密、優點、信念。我們需要向自己坦承自己真正的感覺是什麼、恐懼的是什麼，以及真實的自己。我們需要掙脫自己的否認。

我們需要對自己誠實。

讓自己自由

我內心有個黑暗、令人害怕的地方，是跟我的關係有關。在那裡，我會為自己找很多理由，解釋為什麼我無法說出自己最應該說出口的話、為什麼我無法表達出自己的感覺、為什麼我無法講出自己的需求、為什麼我無法做自己、為什麼我無法照顧自己或讓自己快樂起來。當我窩在那裡，我會找到很多理由，解釋我為什麼無法向他人求助、為什麼他們沒有興趣、為什麼無法向上天求助，因為上天也沒興趣。我並不喜歡在那裡，也不理解為什麼我要去那裡。但我就是會去。而且，當我去了，我需要去做的、能讓我離開的事情，往往是我要自己不要去做的事，包括：求助、展現脆弱、誠實表達想法，以及對自己坦承任何我需要去接受的事。

我把自己困在自己裡面。惟有掌握自身的力量才能掙脫。還有個同樣令人恐懼的地方，讓我對自己的過錯感到羞恥。這裡有對我所作所為感到的擔憂、恐懼和罪惡感，還有對犯錯的愧疚感。這裡有我對坦承、接納真實自己的恐懼。當我在那裡，我會說服自己，我唯一能做的是對自己和別人隱瞞我自己與自己的過錯。

無論所犯的錯是小是大，我都會這麼做。

對此，解決方法仍是同一個：我最不想談論的、最不想承認的，就是我最應該向另一人講述的。我應該即刻向能保守秘密、信任的人訴說，排解思緒，這樣我才能自由。

即使我們已經完成步驟四和五，即使我們已經實踐過好幾次，即使我們很努力復原、試著坦誠，我們還是會有恐懼、侷限的想法與憎恨。我們還是會犯錯。有時候這些是我們人生中某些時期的主觀判斷，因為當時我們感到恐懼，想要生存下去。有時候這些是操縱。

有時候它們逾越界線，成為隱瞞。我們做了一件令自己真正不安的事，違反自己的道德準則，然後我們把這令人有罪惡感的事情，還有伴隨而來的所有感覺，直接埋在內心。

我們這樣過了一段時間，幾乎都要忘了，直到哪天它冒出來。它就在那裡，在我們眼前。我們因此又有了新的恐懼或羞恥。我們犯了錯，一直否認、辯駁、合理化自己的行為一陣子——有時候還很久。然後恐慌可能會襲來。我們該怎麼辦？該跑？躲起來？繼續否認嗎？或者把十二步驟當成工具，將我們從人性黑暗面釋放出來，讓我們自由？

這不久前才剛發生在我身上。以前我做的某件事，原本深埋在心裡，結果浮現了。有一天它就突然冒出來，當時我正要去處理生計方面的事情。我感覺糟透了，難以承受。我在想，該怎麼辦呢？我可不能跟別人說。他們會怎麼想？再怎麼說，我可是寫書談論復原的人。我進退兩難好一陣子。

然後，我該做的事就像個禮物一般，浮上我的心頭，就是：檢視內在，搜尋我的恐懼、信念和過錯。明確地為自己負起責任，接著向他人訴說。我拿起電話，告訴某人。

我打給兩位輔導員，告訴他們發生什麼事。然後，我開口求助，很快接受引導，做出適當的彌補。我一做出彌補，就從這件事解脫了。

而且，我隨即感覺到自己成長許多。我的內在從這次經驗中收穫良多。我感覺自己變得更堅強、更明瞭了。我對十二步驟的信念也更堅定。

感謝上天，我們有十二步驟。感謝上天，我們不必再活在罪惡感與羞恥裡。感謝上天，我們不必再追求完美。感謝上天，我們不必再對自己和別人隱瞞。感謝上天，這個復原計劃帶來的禮物，是療癒、自我接納與連結——我們與他人、自己和更高力量的深刻連結。

我們終於能自由地做自己。我們能夠相信，當我們、還有如果我們，要變得更自由自在，採行這些步驟要求做到的簡單行為，那就會發生。

淨化的步驟

徹底且無懼地列出我們的道德優缺點。向上天、自己與他人坦承我們過錯的真正本質。很多人將步驟四與五成對合併在一起，因為兩者是緊密相關。實踐它們的方式是如此。這兩個步驟找到我們的方式也是如此。

學習在我們的生活中讓步驟五緊接在步驟四後面。學習迅速敞開心胸，向上天、某人與自己坦承我們所需要坦白的，包括感覺、信念、自我探索，或某些隱瞞起來的過錯——那些我們需要從其中獲得抒解、釋放與療癒的過錯。

這些是淨化的步驟，也是獲得自由的步驟。

我們可以把這兩個步驟看成是實用的清掃工具，能有效地把工作完成。在這裡的工作是指回復理智、平靜、自尊、健康的關係，還有親密感——與我們自己、他人和更高的力量。

人生中，我們常常面臨無法用赤手空拳解決的難題。單用手指頭，我們可能得花好幾個小時才能鬆開旋緊的螺絲，但是用螺絲起子，幾秒內就能完成。要從過往的傷害與痛苦中療癒，如果沒有工具，也是會令人難以負荷的。

步驟四和五是我們用來將自己釋放和療癒自己的工具。我們列出自己的困擾，然後向另一個人、我們自己與更高的力量，說出這些，以及自己的責任。我們為自己負責。我們接受當下的際遇與真實的自己。

必要時都可以實踐步驟四和五。我們可以正式地進行，例如寫下清單列表、與人面談，或者非正式地，在生命中需要關注的階段，有事情浮現的任何時候。這兩個步驟提供我們方法，幫助我們從過往、負面的信念、壓抑的感覺、過錯中療癒，或任何我們努力想要從中獲得療癒的一切。

以同理心、對自己負責任的態度來檢視內心。搜索內心，努力不要受恐懼左右。檢視內在需要有負責任的想法、由健康的界線引導思考，並遵循上天智慧的指引。

書寫會有助益，特別是關於我們感到困惑的事件。寫下來能幫助我們表達出來。接著，在對另一個人講述時，會揭露更多出來。也可以對上天傾訴，還有對我們自己傾訴。

向另一個人與上天坦承過往。上天值得信任。我們可以選擇值得信任、能保守秘密的人傾訴。如果我們問自己、傾聽自己，就會知道能向誰傾訴。

學習向他人敞開心胸。以前我們的保護機制之一是躲藏起來。但那麼做就已經剝奪了我們在關係裡能感受到的喜悅。

我們不必向所有人開誠布公。一視同仁地公開自己並不健康。不過，我們確實需要對自己人生中的一些人展現脆弱，坦誠相待。我們需要養成坦誠的習慣，包括情緒上面的坦誠。學習與人建立親密、坦誠的關係——只要時間與時機適合。

學習向他人表達真實的自己。

學習誠實、在情感面與自己連結，這樣我們才能以同樣方式與別人建立連結。

對步驟四與五的過程和工具抱持開放的心態。運用這些工具來啟動我們內在的改變與療癒，相信這會帶來正面的結果——與他人和諧相處，對自己感覺很好。當我們在某件事情上對自己有疑惑、或不知道向誰講述時，請等待指引，但別等太久。

這些步驟允許我們去做自己、去寬恕與愛自己，以及寬恕並愛他人。這兩個步驟告訴我們在關係中照顧自己的方法，那就是：檢視內在，並對自己、上天與他人誠實。

步驟五允許我們展現人性、展現脆弱、坦誠。步驟五允許我們有情緒。請求上天揭示我們需要在步驟四與步驟五講述的問題，例如，我們對別人或自己犯的過錯、過去的感覺、現在的感覺、以前的信念或行為。我保證，我們不會困惑太久。

無論我們選擇向誰講述——受過訓練的步驟五人員、朋友、上天或我們自己——溝通時盡可能為自己負責。盡可能為自己的感覺、需求和願望負責。盡可能為我們的部分負責，就算我們的部分是指不再讓自己成為別人行為的受害者。講述時，盡可能對我們自己、也對他人懷抱同理心。不過，要記得，我們如果不再視自己為受害者，對他人懷抱同理心會比較容易。在那之前，我們可能常常會對別人感到憤怒，而沒有同理心。

為我們要說出口的事情負責，為說出真實的自己負責，是不再視自己為受害者的一種方式。

步驟五是敘述事實的步驟。需要時可以常常實踐。這是一個能讓我們自由的步驟。

練習

1. 你是否曾正式實踐過步驟五？對你的人生和對自己的感覺有什麼影響？

2. 你有跟別人講述真實自己的習慣嗎?你最近一次因為想跟別人談談某件事而打電話給某個人是什麼時候?你有跟別人講過自己正在經歷什麼事,或者,你會等到自己解決後才會講?

3. 你現在的生活中,誰是你需要傾訴的人?有沒有什麼正在發生的,像是感覺、需求或問題,是你不想談、但需要談的?你是否因為有難以啟齒的事而在逃避某個人?

4. 過去一週內,你是否對自己或別人很不好?你或許可以找一個值得信任、能保守秘密的人,講述自己做了什麼。然後告訴上天。

5. 下週開始,每天早晨起床時,花點時間注意自己的感覺。展開一天的日常行程之前,往往在這些安靜的時刻,是我們最脆弱的時候。檢視自己的情緒,利用片刻時間,告訴上天你感覺到什麼,也告訴自己。在接下來的四個小時內,如果可以,盡快告訴別人你的感覺。只要坦白地講出自己的感覺即可。當天找時間再進行一次,下班時、晚餐後,或晚間的寧靜片刻都可以。

6. 下次有強烈的感覺來襲時,無論是傷痛、恐懼、憤怒、喜悅、感恩或歡愉,在感覺這些情緒的當下向某個分享。

步驟 6

做好準備，讓上天去除我們性格中所有缺陷。

我總是吃足苦頭才學到教訓。但仔細一想，大家都是這樣。我從沒聽過別人說「我輕鬆就學到教訓」。

——蓋瑞・E

「昨晚好慘，」珊迪說。「我碰到一個老愛說我八卦的女人，但我又不敢跟她說什麼。我就站在那兒聽她喋喋不休一直講，卻無法直接跟她說半句話。我只能消極以對，就那樣發洩怒氣。」

「然後我遇到以前約會過的男人。他對我不太好，所以我沒有再跟他見面。他現在有別的對象了，兩個人看來挺好的。我還是一個人，還是一樣，覺得自己不值得被愛。」

「回到家之後，我母親打電話來。她為了某事開始羞辱我，我也只能想辦法開脫。」

「我覺得又回到以前的悲慘生活。有那麼一瞬間，我希望死掉算了。我已學會相信自己可以在事業上成功，但不相信愛情能圓滿。我不相信上天會在乎我的感情生活，不覺得自己值得被愛。每天我都看到我無法掌握自身力量的證據。」

「當我想要跟上天訴說，結果我能夠說出口的只有『對不起，我很抱歉。上天啊，我讓祢失望了，我讓身邊所有人失望了。』」

「隔了一夜，我現在覺得好些了，」珊迪說，「但我還是無法不注意到自己相互依存的部分。我無法相信自己的愛情會有好事發生。而且我發現我有一個基本信念，就是認為自己讓別人與上天失望。我也清楚覺察到，自己在跟別人相處時是如何放棄掌握自身的力量，而且不信任自己。我真的都知道。每天我都會注意到自己是如何不敢用自己想要的方式，為自己講話、沒有在跟別人相處時照顧自己。那我現在該怎麼辦？要怎麼改變？」

我想了想珊迪告訴我的這些事情。然後，我很慎重、盡量避免陳腔濫調，跟她說：「何不試試步驟六和七呢？」

「我一直在實踐這兩個步驟呀，」她回道，「結果好像越來越糟。我越實踐，就越注意到自己的行為。」

「這樣很好，」我說，「那你就放輕鬆，信任這個過程。因為效用正在發揮。」

我相信十二步驟，我熱愛十二步驟，尤其特別鍾愛步驟六和七。（你或許已經注意到，這些步驟似乎有分組。前三個步驟一組、步驟四和五一組，步驟六和七一組。）

步驟六和七可說是十二步驟中最不受注意、最少使用、最不受信任的步驟了。但它們其實是力量最大。這兩個步驟是轉變的開端，真正能夠改變我們。

我們的保護機制

「我討厭『性格缺陷』的說法，」貝絲說。「我選擇這麼看步驟六：做好準備，讓上天療癒我們。我不認為我們表現出來的行為是因為有缺陷或很糟。我認為我們會有相互依存的行為是因為我們受到傷害。告訴受傷的人說他們有缺陷、犯了罪或令人失望，是很殘忍的。我這個說法是不允許任何人繼續傷害自己或他人，也比較有同理心。」

無論我們稱這些為性格缺陷還是保護機制，採行步驟六時，我們該注意什麼？我們要做好什麼準備，來祈求上天幫助我們療癒？但從何療癒？我們要願意放下的是什麼？

對他人死抓住不放／控制／操縱／控制和操縱別人的需求／絕望／恐懼／卡住我們的過往情緒／侷限我們的負面信念／擔憂／將痛苦歸咎於他人的需求／等待著變快樂

我們會準備好，放下我們被他人控制的恐懼——對我們很多人來說，這樣的恐懼跟我們想要去控制、操縱別人的欲望一樣強烈，甚至更強烈。我們把允許他人控制我們、我們的生活與快樂全部放下。

我們會準備好，放下我們的照顧行為——包括我們去專注別人的問題、麻煩、感覺、需求、選擇與生活，還有背後我們認為要替他人負責的信念。

我們會願意從照顧背後的問題中療癒，包括：我們設立的界線或原則不適當或不足；對自我、自己的責任與別人的責任認識不清。

我們會願意從舊的信念中療癒，不再認為別人或我們能力不足、無法照顧自己。

我們準備好放手的是：

低自尊／自我忽視，還有認為自己無法為自己負責、無法照顧自己的信念／想要別人照顧我們、為我們負責／自我否定／自我厭惡／不信任自己／不信任上天、生命或復原過程／無法信任他人——包括信任不該信任的人、不信任可以信任的人的／成癮行為／罪惡感／羞恥——一直都認為自己不好

我們會準備好，不再無法掌握自身力量，不再無法思考、感覺、做自己、照顧自己和享受生命。我們會準備好，與人相處時不再難以設立合適的界線與原則。

我們會準備好，放下自己不願感覺、處理自身情緒的行為有：

難以處理跟表達憤怒／無法體驗喜悅與愛／負面情緒、無助與絕望／對於喜悅與愛的恐懼／對於承諾的恐懼／思想封閉或心門封閉／受到不合適的對象、失能體系吸引／想去進入失能的關係與體系中／想要追求完美／童年受到虐待／想要成為受害者與使自己成為受害者

我們會準備好，放下對親密感與疏離的恐懼，放下破壞關係的行為。我們會願意放下與性相關的問題與恐懼。

我們會準備好，放下我們對喜悅和愛設下的阻礙，甚至是那些我們無以名之的障礙。我們請求上天清除所有阻礙，讓我們可以得到在生命中我們應得的一切。我們祈求上天揭示，有哪些阻礙或缺陷是我們需要願意放下的，並幫助我們願意將它們全部放手。

我們會準備好，從我們的過去、未被解決的罪惡感、憤怒、痛苦，以及為我們經歷過的許多失落哀傷當中療癒。我們會準備好，放下因為過去而籠罩我們的負面信念，包括：我們不值得被愛、令人失望、是負擔、不夠好、愚笨、不值得、是個麻煩、讓別人頭痛。

我們會準備好，放下所有自認的「不值得」，包括：不值得愛、快樂或成功。認為自己不值得有個新帽子、新大衣或新車。認為自己不值得被傾聽、關懷，不值得玩樂、享受人生。

我們會準備好，放下所有相互依存的行為。無論我們在採行步驟四和五檢視內在時發現了什麼，無論我們在復原過程中覺察到什麼，無論我們不喜歡、不想要、無法忍受、覺得無力或者想要擺脫什麼，我們都會願意放手。

任何再也沒用的事物、任何阻礙我們的行為或信念，我們都會準備好放手。

我們願意進入的層面越深，獲得的療癒就越深。

請不要將步驟六只用於缺陷。這個步驟也可以應用在感覺上，而感覺不是缺陷。如果我們受困於特定的感受，尤其是恐懼、憤怒、憎恨、哀痛或憂傷，也能藉由採行步驟六而願意放下。

一個朋友曾經問我，我們需要放下的究竟有多少？

「大概是一切吧，」我對她說。「即使是我們想要的美好事物。」

我們正在一趟旅程中，但我們不需要帶著沈重的行李。我們是輕裝出發。

我體悟到，「放下」是關鍵：放下我想要、不想要、需要、想要改變、感覺到的；我的計劃、目的、希望、夢想、目標和時間點。我需要對別人、關係與規劃放手。如果我不放手，就會發現自己又想要控制一切，但控制是行不通的。放手是恐懼的反面。

多浪費時間呀，有的人可能會說。首先我們得找出自己的需求、願望或感覺。然後就得放下嗎？直接忽略、否認我們對這些的感覺，不是比較簡單嗎？反正橫豎都要放下？

或許是吧，不過復原的過程並不是這樣運作的。真正的得勝、療癒、喜悅是來自於戰勝與克服。先是放手，然後才有得著。

實踐步驟六時，要放下的沒有大小分別。當我們實踐這個步驟，當我們完全準備好，讓上天去除我們的保護機制，我們就踏上改變的道路了。

準備好放手

如果復原過程經歷任何掙扎，如果感到困難、挫敗或筋疲力盡，表示我們可能覺察到我們的保護機制了，這些保護機制在以前保護著我們，但現在反而會招致自我挫敗。這就是我們要準備好放手的時候了。

「一整天下來，我一直意到自己的控制行為，」珍說，「我並沒有停止控制，只是不停注意到自己控制的行為有多嚴重。」

我懂她的感覺。

我們可能有某個特定行為模式多年卻毫無覺察，或對這樣的行為所帶來的後果渾然不覺。接著，突然，它成了改變的時間點。我們開始注意到這個行為。我們一而再、再而三地撞見。我們開始因為這個行為感到痛苦、無助和絕望，覺得無力改變，並且懷疑事情是否會或能夠有所不同。

那正是在提醒我們這點：我們正在轉變。此刻，我們正在經歷改變的過程中。這就是復原的過程。

有時候，我對於某些行為厭煩至極，覺得如果再重蹈覆轍，自己會炸裂。可是我總是重蹈覆轍，常常不只一次。

這就是我們在做準備的過程。我們被自我覺察像子彈般射中我們，有時候甚至像炸彈轟炸。這便是生命引起我們注意的方式。覺察，接受，然後改變。在這個過程中，我們要做的就是做好放下的準備，準備好讓上天將這些帶走。

我們有些人做好準備的過程較為艱難。

我曾注意過，我越接近從某個缺點或問題療癒，我就越難忍受跟自己與那個問題共處。它發出火光。它吞噬我。它堵在我面前。我對是否可以改變、是否變得不同感到絕望。現在，我慢慢領悟到，那其實是要感恩的時刻。為自己真實的樣貌感恩。為上天就是上天感恩。對復原計劃感恩，因為它說我不需要獨自經歷。為我就在自己應該存在的地方感恩。

向缺點道謝。為我無法加以改變而感恩。感謝上天祢能做到。

為我只需要準備好放下而感恩。

為我正面臨轉變而感恩。

我們不必太費力就能做好準備。一如改變是一份禮物，準備好放下也是。

我們可以從當下自己所處的位置、以真實的樣貌開始，這樣就足以讓復原計劃展開。

我們能請求協助，幫助我們準備好放手。

我以前為了改變竭盡全力。我曾經稱復原為一種努力，一項艱難工作。事實上，我稱為「艱難工作」的作為大部分只是擔憂跟緊張自己在做跟沒在做的。我過去常捲起袖子，忙得滿頭大汗，什麼進展也沒有。

有天，一個朋友打電話給我。我向她抱怨當時面對的某個缺點。我認為那是我對於愛與親密感的恐懼。

「我該怎麼辦？」我問，「現在我覺察到這個問題了，要多努力才能改變？」

「你就放輕鬆點，順其自然吧，」朋友說。「你唯一要做的，就是做好準備，把它放下，實踐下個步驟，其他的就交給上天。你何不多花點時間享受生活，別再那麼用力要改變？」

我聽從她的建議，然後發現：我根本不需那麼費力。我可以照常度日，讓以前的感覺自然浮現。然後我讓這些感覺被帶走。行為上也是——從最細微到最棘手的都是。我不須對自己的復原那麼執著和擔心。

我曾將這個步驟應用於各種行為上，例如學著建立親密關係、學著去感覺和表達出來、學著隨時更好地照顧自己。我曾使用步驟六學習掌握自身的力量、學著設立界線、瞭解到底該怎麼建立關係。我也曾把步驟六應用於負面信念上，例如認為自己不夠好、不值得愛，或不應該有感覺。

從那之後，我不需要那麼費力了，不需要擔憂要如何改變自己。我體認到，我能夠找出要放手的是什麼，並且做好準備去放下，然後讓自己改變。

當我為做好準備而做準備時，我學習著以更多的溫柔和尊嚴去接受那些時刻。

你也能做到。

做好放下的準備，是不需要有人教，而是我們每個人都能透過練習學會的事。別擔心。

如果我們努力復原，時間夠久，我們會學會。

我們會準備好的。

有時候，儘管很痛苦，我們還是不願放下自己的保護機制或性格缺陷。我們可能害怕有什麼會剩下來，也害怕不知自己內在是否有足夠的力量照顧自己。這是正常的反應。保護機制可能曾救過我們。在某些時候，我們唯一可以用來保護自己免於崩潰的就只有它們。

「我想要保留我的缺陷，」派蒂說，「瞭解我不需要永遠做那個一直付出的老好人，真讓我開心。我終於不必和善，可以卑劣，有時候還可以不在乎。我花了一些時間才釐清哪些是需要留意的缺陷，哪些只是我個性的一部份。」

別擔心，任何我們所需要的，都不會被帶走。任何被帶走的，都會被更好的事物代替。

我瞭解缺陷對我們來說會是多麼重要。它們跟著我們這麼久，陪我們經歷一切。不去感覺，幫我們適應令人無法承受的狀況。負面信念，保護我們不會失望。照顧行為，讓我們有了自尊和人生目標。控制行為則好像是我們的生存法則和職責。

逃離過去，對於我們或許就像聖經時代的羅得那麼迫切。當時羅得目睹妻子在回頭看之後變成鹽柱。不要回頭、不面對過去，也許對我們一樣也是禁忌，令人恐懼。我們倚靠這些相互依存的行為如同我們倚靠信任的朋友一般。只是，它們可能會背棄我們：曾經保護我們的，現在可能正將我們推向失敗。

我們可以學習更好的方式。我們能倚靠步驟六。我們可以信任實踐步驟六的成果。如果我們還沒準備好或還不願放下我們的缺陷、或任何東西，我們都能請求更高的力量幫助我們做好準備，願意放下。

放手的步驟

有天早上，我起床時便糾結於恐懼和痛苦中。之前在假期中，我曾對一件未被解決的陳年往事做了小小哀悼。我父親打電話給我，第一次我們開誠佈公地討論了那一天，他告訴我當年他離開時的往事。

即便父親離開時我只有三歲，我仍記得這件事。談論這件事釋放了我當時壓抑的感覺。在三十多年後，我感覺到了三歲時的自己需要感覺的情緒。

在痛苦中醒來觸發了我的相互依存行為，因為這常常發生。我感到害怕。我害怕會永遠卡在自己的情緒中。我恐慌了。

我開始去想怎樣向外尋求停止痛苦的方法。我想要開始按照自己心意去操縱別人與事情，希望這樣能讓自己好過一些。

然後我靜靜躺了一會，默默實踐步驟六。「請幫助我做好準備，放下這個恐懼、痛苦、恐慌、缺乏信任，和所有我糾結在其中的一切，」我說。「請幫助我做好準備，放下這個痛苦，而不是試著要別人去停止這個痛苦，或改變我的感覺。」

然後，我起床、照常生活，相信更高的力量會聽到我的祈求，相信自己會感覺好些，相信自己能自然地改變。

步驟六並沒有辜負我。

復原計劃並不要求我們什麼都自己來。我們沒有要放棄對自己負責。但我們要學著信任上天、信任復原的過程，並且信任自己。當改變的時候到來，我們就會改變。我們會得到力量、幫助與能力去達成。現在，我們要做的就是準備好放手。

我學到，只要敞開心胸，即使是「做好準備」，也會在我們內心完成。

課題不會消失。它們會反覆出現，直到我們學會為止。事實上，當改變的時候到來，維持原狀會比改變還困難。

這個步驟允許我們放鬆、信任、願意，也允許我們做自己，讓改變的過程發生在我們身上。

《大書》建議我們採行完步驟五後，安靜獨處，請求上天去除我們性格的缺陷、缺點。在實踐完步驟四和五後採行步驟六，而且是努力實踐，是非常重要。

這是一個放下的步驟。它是轉變的開始。它開啟接收的過程，使我們得以從更高的力量接收我們所想要、需要的東西。做好準備，放下所有阻擋我們的一切，放下那困擾、攪亂、挫敗或疑惑我們的一切，放下我們無法控制的一切。做好準備，放下我們再也不想要的與我們真正想要的。接著實踐步驟七，靜觀其變。

練習

1. 什麼是你現在難以忍受的信念、行為、感覺、願望或需求？你或許可以先來宣告，你正在做準備，要放下這些問題。
2. 如果你相信自己能放鬆，讓復原過程發生在你身上，那會使你的生命有怎樣的不同？
3. 寫下你想要自己被改變的一切，包括你希望不要再做的事情、你希望開始去做的事情、你希望完成的原生家庭課題、你希望能獲得與擁有的事情。把所有你想到的列出來，包括未來你想要擁有的一切。然後把清單扔掉，放下裡頭寫的一切。
4. 你認為信任上天以及這個稱為復原的過程是沒問題的嗎？

步驟 7

謙卑地請求上天去除我們所有的短處。

我們自身有需要摒除的事情，需要改變的事情。不過，我們不必太過絕望、太過嚴厲、太過好鬥。邁向有價值與快樂的路途上，這些事情很多會自己改變，其他的，會隨我們一路被琢磨。我們首先需要做的就是認清、信任我們自己的內在本質，而且不要忘記。這是因為醜小鴨的內在本質是天鵝，跳跳虎其實是知曉『道』的救星，而我們每一個人都有特別的價值，也是我們需要保留的部分。

——班傑明．霍夫《小熊維尼的道》

恐懼在我的人生和相互依存中佔有重要份量，包括：恐懼他人、恐懼生命、恐懼我的過去、恐懼上天、恐懼復原、恐懼我自己。

我對復原的一個恐懼就是採行步驟七。一方面，我希望上天去除我的短處。另一方面，如果上天真的去除我的短處，我不確定自己還剩下什麼。

上天會降臨，把所有代表我的一切都去除掉嗎？我會成為聖人嗎？或是空殼？我不確定還有什麼能除去，畢竟我認為自己沒太多東西在裡面。我感覺自己像個空殼。如果要把我的短處去除，聽起來就像整個把我毀滅。

那我會怎麼樣？我會變成怎樣？還有自己的個性嗎？會成為一個復原機器人，重複著臺詞，在那裡微笑著？我會失去讓我是一個獨特的我的東西嗎？我會失去我的熱情嗎？

本章開頭的引言比其他章都來得長，這是因為它傳達了重要的訊息。

是的，我們自身都有需要摒除的部分。不過我們仍需要保持真實的自己、自我、天生的個性，以及那些使我們獨一無二的特質與內涵。

我們在實踐步驟七時，上天並不會帶著吸塵器出現，把我們所有內在的東西全都吸走。上天不會去除我的個性。上天不會把「我」去除。

上天只會把那些限制我做自己的特質帶走。

一些毀壞性的特質會被移除。很多特質則是完全翻轉過來。像是「執著」這個特質，它有負面的部分，但常常也是有正面的部分。「執著」經過翻轉後，便成了決心。

我有些缺陷需要被改進或調整。舉例而言，「照顧」若是只把焦點放在別人身上，就會不利於自己，忽略了自己；但「照顧」也可以成為對自己和別人的關愛。這樣的愛能以關懷、賦予生命活力的方式展現，讓我自己和他人都保有自尊。

我也學到，恐懼，除非它警告我們的是「小心面前疾駛而來的卡車」，否則，我能完全放下。

我瞭解到，放下我的缺陷並不會讓我的個性消失，反倒是彰顯出來，這是自我小時候以來，第一次我的個性展現了出來。

謙卑地請求

除了害怕我們去除了缺陷後會變成怎樣、不確定去除短處的意義是什麼之外，這個步驟其實只有一個重點要討論。「我們謙卑地請求上天去除我們所有的短處」不是指我們在那裡吆喝上天來改變我們，不是指我們「要求」，也不是指我們需要哭訴、卑躬屈膝、乞求或懇求。

步驟七的意義在於，我們承認上天的力量。我們承認上天與我們自己之間的差異：上天是全能的；我們不是，也不必是。有些事情我們無法單靠自己做到。改變自己就是其中一件。

因此，我們自己做不來的，便請求上天為我們完成。

我們謙卑地請求上天去除我們的短處。

禮貌地請求，會得到幫助的。

信任這個過程

第一次實踐步驟七時，我是照著《大書》裡所寫的去做。我獨自在一個房間裡，把門關上。我請求造物主去除我所有的性格缺點。儘管害怕，我還是真心祈求。我已準備好，願意讓上天帶走我在步驟四和五中覺察、討論的一切。我甚至願意讓上天帶走我在步驟四和五中所忽略的、任何需要被去除的一切。所以我也在祈求中這麼說了。

我靜坐冥想片刻，準備離開房間，想著不知接下來會怎樣。會有閃電劈中我嗎？我會一覺醒來就成了完全不同的人嗎？我能認得自己嗎？

還有，我該投入多少來改變呢？去除缺陷是否表示，從此刻起我就得努力保持完美嗎？

我當時不理解自己正經歷什麼過程。至今我仍未完全搞懂，不過已經學會信任它。

它是漸進的過程、療癒的過程、屬於心靈層面的過程。它不會使人受到傷害，至少不會超過我們從過去創傷療癒、或引起我們注意的必要程度。這個過程不會令人難以承受，甚至連痛苦都變得能夠承受，只要我們願意去感覺，而非抗拒，只要我們願意順服。

我瞭解到，這個過程並非一蹴可幾。

而且沒什麼好畏懼。

幾年下來，我們會改變。我不必去改變自己，也沒有在實踐這個步驟後立即成為全新的人。不過，採行這個步驟啟動了整個過程。

慢慢的，我開始注意到自己的狀況，像是照顧、控制、恐懼和過往未被解決的哀慟。改變不是一下就很大。我先注意到自己對某個人的控制行為，但沒有停止，只是覺察到。接著，我又注意到自己對另一個人的控制行為，但我還是沒有停止，只是覺察。

接著，我掙扎了好一陣。我試著停下來，但發現自己無法做到。或者就算停下來，但還是想要這麼做。我更努力去試。還是失敗。最後順服。我不再患得患失，就順其自然。

此時，抽離、放手這些禮物出現了。我深深體會到自己無法控制別人。這不代表我做得多麼好，或禮物都同時到來。而是代表，幾年下來，「放手」已逐漸取代了控制的需求。

這也不代表控制別人的欲望或需求不會再出現。在我的人生中，以及許多在本書分享自己故事的人的生命中，控制還是我們邁向復原多年後的最大難題。

有些部分我們接受。保持警醒。更能覺察。瞭解自己。但讓自己學習和成長。對自己更溫柔、更有同理心。讓轉變發生。

我發現，自己某些最為嚴重的問題，有時候竟轉變為益處。例如，我小時候常常都是一個人。我無法與其他人建立連結，朋友很少。有好幾年別人去上學、交朋友的時候，我因為生病需要獨自在家，自己學習，跟人疏離。對於這段日子，我有非常多的感覺。

然而，我一旦接受這段過去、並能夠對此說謝謝（儘管我並不是真心的），我便能夠看到這段經歷帶給我的禮物。我學會獨處，學會獨自學習，學會獨立思考，這些成為我的一個特質，讓我能夠在後來開始寫作。一段負面的經歷反而轉變為我人生中一項重要的正面優勢。

我對感恩、接受與實踐十二步驟能改變我們與轉變我們最棘手的特質，感到驚嘆。好幾年來，我可能出於犧牲的心態、或有時毫無理由地會虧待自己。一旦我能將這個問題轉變，就學到暫時對自己苛刻，是怎樣讓我在復原的過程中朝向目標前進。

我曾看過很多從相互依存復原的人，毫無理由、或為了挽救特定關係，而刻苦度日、不斷掙扎、虧待自己。但在他們展開復原時，我也見到他們將之前的狀況轉變為堅忍、勇往前進，刻苦完成大學學業，或者創業，或做其他對自己有益的事。

人格特質已被轉變。

對控制的欲望，如果以適當的界線和尊重調整，便能轉變為管理和領導能力。

我們投注在鄙棄、厭惡自己的力氣，都能用來愛自己。

我們能將原本無止境照顧、關懷他人的力氣，部分用在自己身上，直到我們真正學會愛與照顧自己。

依此類推。

確實，有些東西我們最好摒除，有些則會被翻轉。有些藉由上天的協助，我們隨著時間可以去改變。有些我們則是學會接受。

或許，我永遠也無法很會做菜，但我不確定自己會在乎。我接受自己的不會做菜。如果這點會改變，它就會改變。但現在我還沒打算要改變這個部分的自己。

有些事情我做得很好。有些做得普普。有些是完全不行。這都沒有關係。

我們實踐步驟的時間越長，越能看清自己和過往經歷。我們越能讓過去的傷害完全療癒，就越能看見、並敞開心門接受來自過去的禮物。

如果能克服分手的苦澀，我們便能接受從每段關係所獲得的禮物，即使是最痛苦的關係也是。

我們終將療癒。對自己與他人的愛也一定會來臨。或許所有禮物中，最療癒的就是接納自己，當下、永遠地接納自己，接納自己現在和過去的全貌，還有過去所有的經歷。我們越能接納自我，便越能自然轉變為自己應該要成為的樣貌。

這個步驟並未免除我們對自己的責任。不過，我們不必擔心跟焦慮。我們不必強迫復原發生，不必進一步貶低或批評自己，只因為無法改變自己的某個面向。我們最基本要做的就是接納自己和關愛自己。從這裡出發，一切美好事情將會發生，來到我們面前。

我們會被引領走向我們所需要的療癒。情境會出現。有人會走進我們的生命。我們會在聚會時聽見一句話。有人會打電話來、談起某件事，深深引起我們的共鳴。我們會拿到一本書。某個想法、某個靈感，會突然浮上心頭。

我們可能被引領至適合的諮商師或特定的復原團體。我們可能被引導覺察出自己其他的成癮行為或問題，並開始進入復原。我們可能發現自己身處一段關係中，而這段關係開始觸發我們深入從過去中療癒。

我們可能發現在職場上我們面臨挑戰，迫使我們用新的方式掌握自己的力量。我們可能發現到自己可以探索與努力的新面向。

這個過程會發揮作用，只要我們允許，就能對我們發揮神奇的效用。有時候，就算我們抗拒，它照樣發揮效用。我們會發現自己改變了，從核心根本地改變，以我們自己絕對辦不到的方式改變了。

如果我們順其自然，它自然會發生。

這個步驟准許我們做自己。說「請幫助我」、「請改變我」。從這一刻起，我們就能做自己，讓改變發生。

我們不必太費力，也不必苦苦掙扎。我們要做的就是接納自己，無論什麼時刻。其他的，就請上天協助。請求、同時也知道，我們想要與需要完成什麼，是遠超出我們自己所能完成的。請求、同時也知道，我們不會被期待要自己完成。

然後，敞開心胸，信任接下來會發生的事。

是的，在這個過程中，我們的確有應該要盡力的部分。這個部分就是實踐步驟。眼前有要去做的事，而且不論我們即將要做的是什麼、何時要去做，都會顯現在我們眼前，我們也會獲得幫助。而步驟七要我們做的很簡單。這是「謙卑地請求上天給予我們所需要的」的步驟。它允許我們做自己，告訴更高的力量我們的需求與欲望。開口請求，然後信任我們的祈求已被聽見。

轉變的步驟

步驟六和七是轉變的步驟。人們常問我，我是如何改變的或他們該如何改變，其實我都無法明確回答。我從來沒有明確答案。然而我人生中確實經歷過重大轉變。

我起初也是天真無邪的孩子，就和任何人一樣。到了十二歲，我已徹底酒精成癮。到了十八歲，我開始施打毒品。二十三歲時，我接受戒毒治療。二十六歲時，我接受藥物成癮治療，一開始我還根本不願意。後來，我轉變為清醒的人，與十二步驟和更高的力量建立了連結。

我從依賴化學物質轉變為一個努力保持清醒的人，並且展開新生活。從那之後，我發現自己的另一種執迷——對他人的執迷，並忽略自己。我發現了自己更深層的部分，充滿痛苦與渴望的部分——也就是我靈魂的黑洞。

好幾年過去，我又歷經另一個重大轉變。我逐漸被改變為一個沒有那麼恐懼、不再那麼想要控制，並且比較關心個人咎責的人。我從自我犧牲的烈士，轉變為努力善待自己的人。

我學會面對自己的感覺。我開始從過去累積的情緒中療癒。我甚至見證我的過去被轉變，並且開始理解從此而來的禮物，甚至包括最痛苦的時刻。

每天，轉變都在發生。我發現，我活得越久，我就越接近自己那個天真愉快的內在小孩，越接近我起初的天性。不過，我的內在還有另一個人，這些年跟著我一路走來，學會生存、學會獨立、學會倚靠、學會關懷，也學會允許自己接受關懷。

我內在的這個人，跟我經歷了人生大半歲月，往往吃足苦頭，而我正在學著珍惜、重視這個人，還有這人所有的經歷。因為，正是這些，讓我成為了「我」。

當其他人問我如何改變，我無法給出很長、很高深的答案。我無法說教，無法誇耀。我能夠回答他們跟各位的，只有改變與轉變我們人生的核心工具：步驟六和七。

願意、敞開心胸、開口請求。還有珍惜當下的自己。

絕對沒有任何事物能阻礙你從人生或復原過程中接收到美好事物。

這個步驟不會把我們滅絕。它擁抱並帶來我們內在這個純真自然的小孩的美，並且與我們從歷練中獲得的智慧結合。它使我們充分實現了自己的潛能。

我們的天賦會得以提升。我們的特質會獲得接納，甚至經得起玩笑。我們的負面特質會被找出、凸顯、去除，或可以忍受。

請求上天幫助我們。請求上天改變我們。請求上天療癒我們。做好完全的準備，讓上天療癒我們，然後謙卑地請求。這就是步驟六和七的精髓。

這也是我們療癒的核心。

練習

1. 你對於自己改變了的恐懼有哪些？把恐懼寫下來，或者與另一人討論。
2. 你是如何已經觀察到自己改變了？在這其中，多少是你真正需要去做？有多少是你被賦予力量去做的？好好思索你人生中這種漸進、自然而然發生的改變。
3. 寫信是我很喜歡用的一種工具。寫信給你所認識的上天，描述困擾你的和你想要被改變的是什麼。請求上天幫助你改變自己與人生中需要改變的部分。
4. 如果不確定目前要改進哪些性格缺陷，請求上天讓你明確瞭解，如果你實踐步驟六和七的話，哪些是你人生活中應該要改善的問題。
5. 做一次關於你自己的創造性圖像想像。在心中想像自己想要成為的面貌。在這畫面裡，看到自己正在做你想要做的、成為自己想要成為的樣子。然後放下。回到當下。宣告這個自己是很不錯的。宣告在這個當下接納自己與關愛自己。

步驟 8

列出所有我們曾傷害過的人，並願意彌補他們。

遊走邊界代表著願意邁向未知，意味著接近真正成長會發生之處。

——史蒂芬與翁瑞雅·拉維

「我第一次讀到步驟八時，我還真的搞錯了，」傑森說。「我以為步驟八寫的是『列出所有曾傷害過我的人』。」

我懂這種感覺。以前我剛開始從成癮行為中復原、進行到步驟八時，我對別人的不恰當行為已經明顯擺在眼前。那些我曾傷害過的人、還有我傷害他們的行為，是顯而易見。我無從辯駁、合理化或找理由開脫。我做錯了。

當我開始從相互依存復原，到達這個階段時——為自己和關係中的行為負責——我的清單是含混、模糊的，而且夾雜著認為自己是受害者的委屈和無力感。

我的相互依存行為，不論是控制、還是照顧，到底傷害過誰？我做錯了什麼？錯在哪裡？我該彌補誰呢？為什麼？那我所受的傷害呢？我感覺自己被利用、被虐待、被虧待、成為受害者，又有誰來彌補我？

況且，我質疑，難道彌補這些讓我受害的人，不就更讓我落入他們的控制嗎？不就讓我更仰賴他們的憐憫、更無法防衛自己？

我該如何將這個步驟應用在我的相互依存行為，並且完全復原？我該怎麼運用步驟八，讓身心更健全，而不是助長相互依存行為？畢竟，我的相互依存症狀之一，就是一直四處為所有人的行為道歉與做出彌補、承擔全世界的咎責，將自己視為自我犧牲的烈士（其實沒必要）。

本章中，我們將探討如何將此步驟應用於我們的相互依存行為，促進我們的身心健康與成長。這個步驟有兩個相關概念：列出清單，以及願意彌補清單上的人。

列出清單

實踐步驟八時，第一個或許我們可以列出的清單是曾經傷害過我們、對我們犯錯的人。我知道這個做法有爭議，也不是這個步驟所指示的。不過我對這個清單另有計劃，對於怎樣幫助彌補有些想法，我會在下一章細談。

我們都曾被傷害過。我們曾允許自己受到傷害。有時候，我們年紀還小，別無選擇，沒辦法保護自己。有時候我們覺得被別人虧待，不是只有在小時候。誰傷害我們？誰讓我們覺得自己是受害者、受到虧待、被利用或虐待？誰曾經拒絕我們、拋棄我們、讓我們痛苦？誰曾經傷害過我們，因此讓我們感到憎恨、懼怕，或想躲避？我們是否曾因某些人對我們所做的、因為我們跟對方在一起時無力照顧自己，而排拒他們？

一一列出。把任何想到的名字都寫下來。如果你先前已徹底完成步驟四，應該已把大多數細微部分和委屈都清空了。不過，如果你發現有新的念頭浮現、需要多一點時間來寫，就這麼做。

任何人都不必略過。不論是鄰居、朋友、親戚、母親、父親、兄弟姊妹、配偶、男女朋友、情人、員工、雇主、同事、同學。試著回想。誰傷害過你？誰令你失望？哪些關係讓你感覺痛苦不堪和苦澀？

這個清單很重要，請把握機會寫下所有人名。寫下任何你想得到的人名，任何應該要彌補你的人名。記得，我們啟動的是一個深入的療癒過程，所以不用急，盡可能地仔細列出。仔細列出，就能從中獲益。

完成列表之後，把它放到一旁。拿出另一張紙，來寫第二份清單。這個清單與第一份一樣重要：列出所有你曾傷害過的人。

現在我們要進入這個步驟較為嚴謹、需要集中心力的部分。向上天祈求指引往往會有幫助。誰真的曾被我們的相互依存行為傷害過？現在先別去擔心你是否需要向這些人道歉、該說什麼，或者會不會讓自己看起來很蠢。處理那些事情的時候還沒到。現在，我們只需要專注於詳細列出我們曾傷害過的人。

我們在誰身邊最有防衛心、最想要保護自己？誰最常面臨我們的控制和照顧行為？你身邊是否有成癮者或會失控的人，讓你執著於控制對方？

誰最常承受我們的憤怒和怒氣？有人被我們羞辱或怪罪過嗎？記得，我們現在還不必為自己辯駁。

誰是我們最害怕面對的人，因為我們與對方還有未被解決的問題？我們在誰身邊時覺得最不安？在我們掙扎求生的歷程中，是誰被我們傷害了？我們對誰表現出不快的情緒？

與誰相處、在哪些關係裡，我們會想要回復平靜、獲得療癒？

我們許多人發現，這個清單上會出現家人的名字。我們大多數人還發現，孩子是排在最前面。如果我們從未被好好關懷或被愛，如果我們知道的只有控制和羞愧，如果我們自己沉浸在痛苦之中，實在很難好好養育、關愛、鼓勵我們的孩子，滿足他們的需求。我們沒有設立界線，無法訂定適當原則，傷害了我們的孩子。

寫清單時，要堅定，但對自己抱持同理心。避免陷在罪惡感當中。感到罪惡感與羞愧不是我們寫這個清單的目的。處理我們的罪惡感和羞愧才是目標。

回顧情感關係，但別耽溺於對方的所作所為。在這些關係中，你有過哪些不適當的行為？如果你不確定，請上天為你提示。請上天讓你想起任何應該列於清單的行為或事件。

那其他親人呢？親人中是否曾出現齟齬或失和？

我們許多人也把姻親列在清單上。

回顧自己的工作。因為你的相互依存行為，有沒有雇主或員工是你沒對他們盡到應盡的職責？

別過於執著。不要糾結於無關的事情或想像出來的缺點。以平靜的心回顧自己的行為，讓應該要出現在清單上的名字自然浮現。

接著來回顧財務部分。你因為相互依存的問題而欠誰錢？把他們的名字寫下來。或許我們曾經借過，但卻沒還。我們或許出於恐懼或得要生存下去，用說謊或操控來獲得不應得的錢財。

或許我們深陷於自己的相互依存中，忽略了自己應負的財務責任。把我們（而非他人）欠錢對象的名字寫下來。

我們在思索跟寫清單的時候，盡量心裡保持平靜和安穩。如果罪惡感或焦慮攫住我們，就把筆放下，停下來，找個寧靜的地方待著。等我們恢復平穩，並且是能夠以平靜、接受自己、抱持同理心的狀態來寫，那再繼續。

檢視友誼與我們對朋友的行為。我們是否曾忽視某個重要的人？有誰是我們出於相互依存行為，一再出手拯救，然後又因為厭倦了為對方的行為承擔責任而感到憎恨？

這個步驟要我們徹底檢視自己。它不是要懲罰我們，也不是在提醒我們要感到愧疚，而是要將我們從愧疚、焦慮與不安中釋放出來。

我們實踐這個步驟時，需要敞開心胸，接受指引。往往，我們會對自己做過的一切與遇到的所有人感到愧疚。大部分我們感覺到所謂的相互依存行為，其實是不合理的罪惡感。有時如果我們發現自己深陷在不合理的罪惡感，另外列出一份這樣的清單可能會有幫助：列出我們未曾傷害、但感到愧疚的人。有時候如果我們對某個人滿懷不合理的愧疚感，我們或許要去仔細檢視這愧疚感的背後，看是否潛藏著偽裝成愧疚感的傷害或憤怒。

列出清單，寫下來，清理掉。我們曾傷害過誰？

具體描述我們造成的傷害會有助益。例如，「傑克接收我狂烈怒氣」、「我試圖控制蘇西，令她快要抓狂」、「我跟安琪拉借錢但沒還」、「我忘記對自己誠實，受到哈維對唐反感的影響，即使我還是喜歡唐，卻拋棄了他」。

步驟八是要我們忘記他人做了或沒做的事情，然後專注在為我們自己的行為負責。我們操縱了誰？對誰說謊？

在這個步驟中，最重要考量點是：我們心裡想到誰會無法平靜？在什麼關係中有齟齬或失和？哪些關係需要平靜、關愛和美好的感覺，無論我們是否希望與這些人維繫關係？

在哪些關係中，我們需要抬頭挺胸、讓心門敞開、充滿愛，即使愛可能來自於保持距離與抽離？

接下來，我們來寫第三份清單。這個清單跟前兩份一樣重要，或許可說是最重要的。這些年來，我聽到復原社群都在議論這份清單，但我們不要只是講講，而是要實際採取行動，因為它特別關係到從相互依存中復原。這第三份清單要寫下的名字——是我們自己的名字。

我們往往是自己相互依存行為傷害最深的人，也是我們最需要彌補的人。壓抑感覺與想法、忽略自己、批評自己、羞辱自己、否認現實、害怕不已、貶低自己、阻礙自己、對自己懷抱完全不實的信念、對自己過於嚴苛、吹毛求疵、要求過多……我們確實對自己做錯了。

自我否定、虧待自己是錯的。不信任自己、不傾聽自己是錯的。不關愛自己是錯的。允許自己被騙、被欺瞞，結果導致我們不再傾聽或留心自己的直覺是錯的。認為自己為了生存過於瘋狂、很差勁是錯的。因為別人的問題或行為失當而責備自己是錯的。無論嚴重的程度如何，允許自己被虐待或虧待是錯的。允許自己受到不恰當地議論或觸碰是錯的。

使自己成為受害者絕對是錯的。

忽略自己是錯的。忽視自己想要什麼和需要什麼——甚至到了我們身心靈都生病，以示抗議的程度——是錯的。

忽視、泯滅自己的天賦與才華是錯的。

為自己感到羞恥是錯的。

隱忍對自己的憤怒和憎恨是很具殺傷力。我們可能窮盡一生都在懲罰自己，也讓別人傷害我們。我瞭解到，我對自己的憤怒不亞於對其他人的憤怒。這些年來，這兩種憤怒都被我否認過。

所有我們列出的相互依存行為，其實是我們對自己的傷害。有時候，那也包括了對別人的傷害。我們需要對這兩者都徹底誠實。在做到這之前，我們對後續的復原會是毫無頭緒。

在許多讓我們不自在的關係中，不是我們對待對方的方式導致對方的名字列在清單，而是我們對待自己的方式，或允許自己被對待的方式導致如此。允許別人待我們很差，必然會導致我們怨恨對方。我們需要去處理這種怨恨的感覺，但也需要願意彌補自己，因為沒有以我們應受到的尊重來對待自己。

各位，聽好了：不照顧自己、不傾聽自己、沒有好好關愛我們內在那個小孩，這些都是錯的。我們的內在小孩，除非我們拋棄（這是錯的），否則會跟著我們一輩子。沒有以關愛傾聽、回應我們的內在小孩也是錯的。

我們許多人小時候曾受虐待或被忽視，這真的很糟。有些人遭受的虐待是因為家人酗酒，其他人則可能受到身體、性或情緒方面的虐待。但在我們瞭解、醒悟之後，再也不會認為，我們一直忽略、虐待自己與我們的內在小孩，是合理的、可以饒恕的。

步驟八讓我們徹底瞭解這點。這個步驟要我們列出所有我們傷害過的人。除非我們自己的名字也清楚地列在上面，否則我們的清單、我們的復原都不會完整。

這真令人心力交瘁。然而，如果我們想要真正療癒自己，把精力放在這上面是好的。別讓這件事讓自己無法承受。如果讀到這裡讓你覺得難以負荷，就停下來，恢復平靜再繼續。如果寫清單令你承受不住，就停下來，先恢復平靜。

分階段實踐這個步驟可能會有幫助。畢竟，罪惡感和焦慮是我們的弱點。將清單當做是一個進行中的計劃，當有人名與事件浮現出來，就隨時加上。每天做一點點，然後做些讓自己平靜、放鬆的事。例如讀一本關於靜坐冥想的書、跟朋友聯絡、做些振奮心情的事。

請注意：如果我們的所作所為是要照顧自己，就完全不需要感到罪惡或要去彌補。拒絕他人、設立界線、不允許自己被利用或欺凌、表達自己的感覺、照顧自己、開始或持續復原的過程，都沒有做錯。往往，我們會為這些行為感到有罪惡感，是因為那是改變我們自己的一個過程，也是因為我們打破了叫我們別這麼做的既有失能規範。我們不需要為好好照顧自己感到抱歉。

在寫清單時，尋求獲得洞察力與智慧。如果感到困惑，可以跟上天、輔導員或熟悉復原過程的人談。

我們不需要為拒絕讓別人控制我們的人生、或開始過自己的生活而向對方道歉。

不必擔心要完美。實踐、完成步驟八的這個部分時，祈求上天指引與協助。祈求上天向我們揭示所有應該出現在清單上的人名。如果你的清單很短，沒關係。那是它應有的長度。若是很長，也沒有關係。

我們可以敞開自己，坦誠地去瞭解那些需要列在清單上的人。我們可以請求上天揭示這些清單上的人名。請求上天讓我們在列清單時放下防衛、驕傲、不合理的罪惡感、羞恥，以及焦慮。

步驟八的目標是讓我們對自己坦誠，而非對自己過分嚴苛。對我們許多人而言，對自己過於嚴厲、過於挑剔，是和相互依存相關的一個問題。往往，列這個清單會令人如釋重負。在思考與實踐步驟八後，我們許多人會發現，自己大部分的罪惡感是不合理的。我們常常會想到幾項自己真心不喜歡的行為，有時候更多。但這個步驟目的是幫助我們，協助我們釐清自己真正做過或沒做哪些事情，並且引領我們走向照顧自己的道路。實踐步驟八的目的不是讓我們感到愧疚，而是揭露我們已有或試圖逃離的罪惡感，然後去除。

這個步驟的目的是讓我們回復到正確的關係，包括與自己和與他人的關係。完成這個階段後，我們手上應該會有三份清單：曾傷害過我們的人、我們曾傷害過的人與我們自己的名字。現在，是時候把筆放下，進行步驟八要我們去做的這件事：願意彌補。

願意

「願意彌補他們」是什麼意思？這個步驟要我們心裡改變，要我們放下防衛、保護機制，開始在所有關係中尋求平靜與療癒。

這不代表我們要回到失能的關係或體系中，也不代表我們要停止照顧自己，即使其他人宣稱我們照顧自己的行為傷害了他們。願意彌補是指，我們檢視我們對待自己與他人有無疏失。願意彌補是指，我們願意在過去與現在的所有關係中尋求平靜與補償。

要我繼續理直氣壯地對他人抱有敵意跟憎恨，簡直太容易了。我可以列出一長串曾傷害過我的人名。我曾與藥物成癮者和酗酒的人交往，在關係中被虐待。過去在我的人生中，有重要的人與照顧者曾傷害我。甚至我的家人也曾讓我覺得受傷，令我失望。

我認為，我大可以理直氣壯，躲進洞裡，離群索居，永遠不要跟傷害過我的人說話。

儘管我理直氣壯，但在那個洞裡並不怎麼舒適。在那裡，我無法感覺到與自己或別人有連結。那裡是由恐懼建造與裝潢的。

復原計劃提供我另一個比較好的方式，我們全都適用，那就是：敞開心胸，與他人、自己和更高的力量建立連結，並且從過去與現在所有關係中療癒。

這個方式始於願意，要完全是發自內心的願意。這種願意是指，我們願意與出現在我們生命中的人和好，包括我們自己，不再受罪惡感、恐懼、憎恨和過去經驗引發的負面情緒主宰。

我們的過去絕非錯誤。所有發生的事情並非偶然或意外。有些人會說，我們或多或少選擇了自己的命運；其他人則說，我們的命運、所有相關的人事物，在一出生就已註定。無論怎樣，我們要瞭解的都是這點：沒有意外、沒有錯誤。

我們在生命中遭遇到的一切，都是為了讓我們準備好，成為我們應有的樣子，幫助我們學到我們來到這個世上要學習的功課。每一段關係都有它的目的和給我們的禮物，即使最令人痛苦的關係也是。我努力復原的時間越長、越少把自己看成受害者，就越能接收到這些禮物。

有時候，禮物是在告訴我，自己內在有哪些部分還沒有處理。生命中有些關係是讓我變得堅強、教我如何掌握自身的力量，讓我學會如何設立界線。有些關係是帶來了療癒。有些則帶來具有創造力、隨興、關懷、溫柔和支持的禮物，或讓我相信自己值得最美好的生命與愛。

有些關係進入我的生命，讓我知道自己不想要什麼。有些則讓我知道自己想要什麼。

許多人會說，我們的關係就像一面鏡子，映照出我們的問題和目標，映照出我們的樣貌。每一個都有其禮物。放下憎恨與苦澀是我們獲得禮物的關鍵。

我們能向各個禮物道謝。

我們的心中有個地方，會將我們帶到我們與其他人和自己的正確道路。那就是「願意彌補」，願意在我們與其他人的關係中療癒，願意找到這個禮物。

當我們抵達那個地方，當「願意」進入我們心中，甚至在我們心中醞釀、發揮效用之前，它已經準備好開始。我們會開始敞開自己，迎接在關係中我們所能獲得的補償、療癒和愛。我們會準備好，開始無條件愛自己和他人。

這樣的心態並不代表我們要留在已到盡頭的關係中。它不代表我們要回頭接受對我們不好的關係。它也不代表我們要接受任何對我們不好的人。如果有人對我們不好，我們從這個關係中要學習的課題會是「掌握自身力量」與「放自己自由」。有位朋友稱我們在復原過程裡所做的是：「重新校準自己與自己的關係」。

然而，為了重新校準，為了找到與自己跟他人和解的地方，我們需要「願意」。

「願意」不代表我們否認現在或過去發生的事情，也不代表我們放棄、捨棄自己力量予他人。「願意」代表的是我們做好準備，不論過去發生什麼，都對他人敞開心胸。我們做好準備，關愛地與他人相處，同時照顧好自己。

我們願意關愛自己、照顧自己。

這個步驟要求我們從心改變，如此一來，我們的心會被療癒，能夠敞開去愛。不要害怕彌補，甚至，暫且先別想到彌補。想想「願意」，願意接受更高的力量的指引，願意在與他人相處時照顧自己。

我們不會被要求去做任何莽撞或不恰當的事，我們願意去做的，是適當地彌補，為我們對別人跟自己的不恰當行為負起責任。

如果我們還沒準備好為自己負責，我們要怎麼學習去愛呢？

療癒始於我們心中，始於一個意念、一個願景、「願意」的感覺。當我們決心要照顧自己，讓關係都平靜和諧，便是一連串療癒和愛的開端。我們放自己自由，不再受別人控制和影響；我們將自己跟復原、自己、以及更高的力量校準。

我們開始以嶄新、前所未見的方式掌握自身的力量。我們讓自己從焦慮、羞恥與罪惡感中解放，進入平靜狀態。

我們不再因為別人而惴惴不安。我們已經大膽檢視內在。現在，步驟八要求我們更大膽些——靜靜地、但明確地——為我們自己和行為負責。

步驟八與步驟九會療癒我們與自己和與他人的關係。

我們正開始學習在任何狀況下都能掌握自身的力量，學習如何不再讓他人使我們成為受害者、讓我們使自己成為受害者。我們正捨棄受害者的角色。

我們進入新的意識狀態。我們每個人在進行的復原過程裡能停止「成為受害者」和「虐待」的循環——不僅是在我們的生活，還有我們周遭的人。我們許多人曾想要改變這個世界。我們確實可以：做好我們的部分與療癒自己，簡單、靜靜地改變世界。

不再是受害者

當我開始從相互依存中復原時，我看到的都是別人傷害我、辜負我。我是那麼地痛苦，也失去非常多。

還有，我覺得自己是受害者。

回顧自己在所有關係中扮演的角色，更別說最令我痛苦的部分，都超出我的能力所及。

我根本不可能向任何人道歉。那種感覺就像是我要去向那些傷害我的人道歉。幸好，我那時還不必做什麼彌補。我也還沒準備好。當時，我需要專注於自身的痛苦、哀傷，以及我可以做到的一些復原的基本行為，讓我停止痛苦。我需要療傷，甚至需要一些些自憐；這些都是我復原過程的一部份，使我不再因為其他人、他們的問題而成為受害者。

後來，隔了蠻久，我才準備好，開啟檢視內在的過程。接著，時候到了，我願意面對並接受我在關係中的角色。

我現在明白，就算在最痛苦的關係當中，我也扮演一定程度的角色。當我不再一直抱怨別人的行為，就能開始把他們看成是一面面鏡子，映照出我自己真實的面貌。事實是，我不再需要某段關係時，我就跑了。我沒有被誰困住。我一直以來，都是為自己負責。

我的關係反映了我自身未被解決的問題與恐懼，也反映了我的信念，包括我在愛裡值得獲得什麼、願意忍受什麼。

當我仔細檢視那些我曾抱怨不願意跟我親近的人，卻開始發現到自己對親密感的障礙：我自己其實並不願意在情感上坦誠，還有展現脆弱。我瞭解到，自己無法維持親密感，或讓別人真正進到我的心中。

那些我曾哀嘆「太依賴我」的人，其實就是我發現自己過度依賴的人。

當我檢視那些因為試圖控制我或不當干涉我的事情、而讓我勃然大怒的人，我發現自己對他們也有同樣的反應：不願意接受他們真實的樣貌、以及讓他們做自己。

我瞭解到，我人生中所有需要或招致的關係，都是為了我的成長。如果我沒有學到教訓，如果我沒有面對與處理自己內在的問題，類似的際遇就會一再重複出現。當我願意面對自己的角色、承擔責任、承認所作所為，並為自己的作為加以彌補，我就算是打贏了一半的仗。或者可以說，我已經得勝了。

這個步驟會引領我們抵達一個安靜、坦誠的地方，讓我們得以放下防衛與驕傲，脫下受害者的外殼。在平靜與坦誠中，我們會願意清理自己的內在。

列出人名之後，要盡快採行步驟八。任何時候，一有苦澀、憎恨、受害者感覺或恐懼出現，就實踐這個步驟。任何時候，當你想要追求平靜與療癒，都可以採行。不過，我們不需急著完成步驟八。我們準備好了再去實踐。不過當時候到了，也不要拖延。

這個步驟讓我們停止與他人或與自己爭鬥。我們能學著認識自己，然後成長，繼續走下去。我們能去愛、寬恕，也讓自己得到寬恕，並接受所發生的一切。

我們許多人都背負著過去關係的陰影，甚至長達幾十年！這就是我們還沒跟過去和解。列出一份清單（必要的話，列出三份），願意彌補，就是我們讓自己自由的方式。

不僅我們的心能因此更為敞開，眼界也會大開。我們會學到自己需要學習的課題，也就是：認識自己。我們能夠自在地放下過去，邁向更美好的未來。

有些人說過去的已無法改變。步驟八會證明這不是這樣。這個步驟能將我們的過往轉變為我們人生中必要、可接受、沒有懊悔的部分。

許多復原中的人還無法列出清單。不過，如果堅持得夠久，我們會列出來的。人名會自動出現在我們面前，浮上我們的心頭。我們還沒有完成的事情會變得明朗清晰。

我們將能覺察自己需要面對的人與關係。可能是前任配偶、父母或老友，也可能是親戚。不過，這些人會自然出現，無論是浮現於心中，或實際出現在眼前。「願意」的時機會自然出現。

療癒的機會會到來。

我們對自己犯的錯也是如此。這些問題慢慢會自行出現。我們會瞭解到自己曾如何忽略和傷害自己。生命會問我們，是否我們願意改變我們對待與回應自己的方式。

這就是復原。

別擔心自己做得不夠好。別利用這個步驟讓自己有罪惡感。使用你在心裡或紙上列出的清單，然後敞開心胸，甘心願意。

祈求上天揭示誰需要列入清單。祈求洞察力，看清你對自己與他人曾犯的過錯。祈求幫助，讓你願意。

寬恕、對的關係，還有平靜，都始於我們的內心，都始於這個步驟。步驟八要求我們做的，就是列出清單，然後願意坦誠地照顧我們自己，為自己的行為負責。無論對方扮演的角色為何，我們現在可以自由地去找出、承擔自己的責任，為自己負責。

練習

1. 你開始列清單了嗎？你的心裡是否已經有一份清單，列出你認為自己曾傷害過的人？
2. 就算是你不想繼續維持的關係，你是否想要在所有的關係中獲得平靜與療癒？在你心中阻礙你獲得療癒的是什麼？
3. 過去或現在的關係中，哪些是最讓你困擾的？

步驟 9

如果可能，直接彌補曾傷害過的人，除非這麼做會傷害對方或其他人。

你不必為童年時自己的選擇負責。然而，身為一個大人，你百分之百要為復原負責。

——肯·凱伊斯二世《無條件之愛的力量》

貝絲是在十三年前，透過暴食者無名會，首度接觸十二步驟。她當時體重一百一十多公斤，有嚴重的暴食症。她不停地吃，然後強迫自己吐出來，每天十至十五次。儘管實踐了十二步驟，貝絲有三年的時間完全無法減重。

她那時的先生剛從酗酒中復原，有參加戒酒無名會的聚會。當時貝絲二十五歲，這已是她第二段婚姻。貝絲第一任丈夫脖子以下四肢癱瘓，比她年長十一歲。

「我和他在一起時沒能減重，」貝絲說，「我當時非常惡毒、憤怒、苦澀、卑鄙、殘酷、嘴賤、孤僻、對人毫不通融、憂鬱、有自殺傾向。另一方面，我也很害怕、孤單、憂傷，但我那時還沒覺察。我結束一段婚姻立刻進入下一段婚姻，而且決定要認真努力復原。」

在第二任婚姻中，貝絲成功減重，並加入戒酒無名會家屬團體。她很認真照顧自己，人生開始有了改善。但她還是覺得哪裡不對勁，好像哪裡還是有問題。

「我的第二任婚姻遇到瓶頸，」她說，「我一週參加四、五次團體聚會，認真實踐復原，但還是不知道哪裡出錯。只要我丈夫在其他女性身邊，我就受不了。他總否認有任何踰矩，說是我沒有安全感。最後，我還是離開他了。離開之後，我有五個女性友人跟我說，他還和我在一起時，曾想跟她們約炮。」

貝絲接下來單身了五年。她持續參加聚會，照顧自己，探索自己的心靈，學習如何獨處。

接著，貝絲遇見了後來成為她第三任丈夫的人。她很審慎選擇了這個男人，他在其他女性面前神態自若，聲稱自己的價值觀一定跟貝絲的相符。但他們結婚之後，什麼都變調了。

「彼得對我很冷淡，像塊石頭似的冷漠。他變了。我們婚前非常親密，相處愉快。結婚後我們卻很少在一起，就算在一起，也會吵起來。婚前，彼得完全是我想要的伴侶：溫暖、體貼、善解人意、穩定。我不懂發生了什麼事。」

「然後，我發現這不完全是他的問題，」貝絲說，「我當時是非常成功的商業女強人，能力出眾，什麼都可以自己來。我可以獨自旅行，不需要男人，也有很棒的支援體系。但是我的內心卻感覺有什麼出了大錯，而且我再也不能逃避。」

除了原本的聚會，貝絲也開始進行個人諮商。她開始常常當面挑釁彼得，事實上，以她自己的話說，她是對彼得「嚴刑拷問」。他還是否認自己有什麼問題，直到有一天，他不經意提起，自己開始參加性成癮者無名會的聚會。但彼得什麼也不願多說，拒絕談論他參加這個會的原因。

「我深深陷入否認當中，」貝絲說，「我不願相信他是性成癮者，難以想像他做了什麼。不過，我也開始注意到自己的狀況。我發現性成癮特別容易令我抓狂。這些年以來，我只要在性成癮者身邊，就會出現相互依存的行為，自己卻沒有察覺。我不知道是成癮者的行為引發我的反應。我還以為自己只是控制欲很強、愛嫉妒、不信任對方。」

過了六個月左右，彼得向貝絲坦承自己成癮的行為。真實狀況比她害怕的好些、同時也比她指望得更糟。彼得的性成癮行為大多是內心的慾望，並沒有付諸行動。不過他沉迷在自己的性幻想，出軌過一次，並且對一切感到很丟臉。

這時貝絲開始參加性成癮相互依存團體聚會，也開始要從相互依存中復原。

「我第一次感覺到自己的相互依存，」貝絲說。「我可以感覺到我因為成癮者可能做、會去做、以及可能正在做的事而貶低自己，並且完全無法控制自己。很快地，我就不再去想成癮者的行為。事有蹊蹺時我就開口問。我為自己設立界線，其中一項就是無論如何我都不要再和成癮者共同生活。」

這時，彼得從成癮中回復理智，他和貝絲都發覺到他們問題裡的核心。在諮商師的協助下，貝絲想起童年時曾被父親性侵的往事，彼得也覺察到自己過去曾遭遇過性暴力。

「塵封的記憶都回來了，」貝絲說，「我開始想起父親性侵我的各個片段回憶，那是我一輩子都在逃避和否認的事。我也想起來，我的妹妹也曾被父親性侵，而她也在處理被性侵的問題。儘管很可怕，但我相信我終於找到那個一生中在噬咬我的『東西』。」

彼得開始處理自己受虐的經歷時，向貝絲提出分居。貝絲不想分開，不想失去她丈夫，但還是同意了。她別無選擇。從那之後，貝絲持續療癒自己，包括實踐復原計劃中彌補的部分。她向家人傾訴，彌補分居的丈夫。

她也彌補自己。

「人生並非一帆風順，」貝絲說，「不過我有我自己。我不會老是在那裡哭，也不會想著自殺。要是想哭，我就哭出來，然後繼續過生活。十三年前，我不知道自己還能不能哭得出來。當時我只覺察到憤怒的情緒。一個朋友跟我說，我讓他想到身高一百八、拿著一公斤重的十字架的修女。」

「現在，我如果有憤怒的感覺出現，就知道自己其實是在害怕，也在學習面對這個情緒。我希望自己的人生是這樣：如果婚姻走向終點，我希望不會再找性成癮者當伴侶。如果我的丈夫擺脫了戒斷問題，我希望我知道如何以尊重彼此的方式與他偕老。我希望能夠擁有我值得擁有的關係、有自己的孩子，而且那個跟了我一輩子的詛咒不會毀了他們。」

「我深信，我不會再失去自我了。我相信，我內在的一切，包括所有的細胞，都已經完全改變，因為我面對了自己的根本問題。」

最近，貝絲受邀在關於性成癮與性成癮相互依存的一場會議中發表演說。她很害怕，但還是謹慎地答應。對於貝絲與現場聽眾而言，那天都非常令人震撼。

貝絲平靜地講述自己的經歷，沒有去怪罪成癮者。她談到她帶著自己未被解決的問題走入婚姻。她談到自己的憤怒、羞辱對方，以及想要控制成癮者的行為。

貝絲談到為自己的行為做出彌補。她談到自己如何面對家人，這也是彌補自己的一部份。

「我不帶憤怒地跟每個家人坦誠說出我的問題與復原。我請每位家人自己選擇，看是要繼續或不再跟我往來。但我設下這個界線：我不會再跟對我施虐的人往來，也不會再否認過去發生施虐的事情。我不會回到過去的生活方式，也不會成為施虐者的家人。」

貝絲結束演講之後，各種感覺與情緒在場內蔓延。發生在貝絲內心裡的，更是顯著。她分居的丈夫也在場，兩人還聊了一會兒。貝絲仍希望能與丈夫重修舊好，但她知道無論婚姻結果如何，自己都能繼續好好過生活。看著彼得時，她感到自己很平靜。

「藉由談論自己、專注於自己在其中的角色——甚至深入講到我竟然需要與性成癮者走入婚姻，才處理到自己的問題。我已經找回平靜，」貝絲說，「我與彼得和解，與我的家人和解，與我自己和解。」

這就是步驟九的意義：與我們自己、還有與其他人和解。這就是彌補的目的。

一一個劃掉清單上的名字

步驟九引領我們朝設立界線邁進一大步——也就是區別我們與他人、區分我們的行為與他人的行為。這個步驟也為我們未來新的生活方式奠定基礎：允許別人走自己的路跟面對自己的問題，也允許我們對自己如此。在這個步驟中，我們學著掌握自身的力量，為自己與我們在關係中的行為負責。

步驟九的一個附加益處是，現在我們可以對自己在關係裡的舉止感到安心，並且將自己從覺得不安的行為中解脫出來。

如果你完成了先前其他的步驟，應該手上會有一份清單。如果你照步驟八的建議去做，手上應該有三份清單：曾傷害過你的人、你曾傷害過的人，以及你傷害最深的人——自己。可能你沒有實際寫下來的名單，但只要曾與他人相處，就會有一份清單。過去或現在任何讓你覺得不好的關係；任何讓你覺得困擾、有未被解決情緒的人，包括你自己；任何讓你覺得心裡不安穩的關係——全都在清單上。這些關係阻礙了你的心與愛人的能力。

在這裡，否認毫無益處。如果你還有什麼未被解決的問題，就算你否認這些感覺，它們還是會在清單上。現在，我們來探討怎麼把這些清單上的名字一一劃掉。

對於曾傷害過我們的人

我們第一個要討論的彌補對象，是針對那些曾傷害過我們的人。我知道，我知道，這聽起來有點像相互依存的症狀。請聽我解釋。

如果某人傷害了我們，而我們沒有面對這件事，我們心裡就會有芥蒂。那我們該怎麼處理這份清單？朋友啊，千萬別用「否認」。

這個清單包含了大量我們在復原上面對的課題。我們的目標是寬恕這份清單上每個傷害過我們的人，但首先，我們需要去做一件很重要的事：徹底面對、完整地體會所有的感覺；明確找出、接受被虐待的事實。我們需要想好，我們對別人應該要有怎樣新的行為和回應，這樣受虐或虧待才不會繼續出現。之後，我們就會被引導進入寬恕。

這是哀慟的過程，會經過幾個階段，一開始是否認，接著進入憤怒與憂傷。過程中，我們許多人發現自己也需要面對憤怒。

一旦感覺過所有情緒，我們就算是準備好去寬恕，但不要急。我們還陷於情緒與感覺之中就太快寬恕的話，會不夠完整與無效，而且以後還會需要重來一遍。

復原的目標不是要繼續否認。復原的目標是去接受，包括接受我們的感覺。

我們的情緒可能因為受虐的類型，從輕微到強烈都有。如果受虐嚴重，我們有些人會卡在憤怒中好幾年。沒有關係，這是我們需要去經歷的過程。藉由感受自己的情緒去瞭解，這是我們走向療癒的道路，也是走向寬恕與接受的道路。

這個過程中，重要的是去思考，我們以後在面對這個傷害過我們的人、或任何接近虐待或虧待我們的人，應該要做什麼照顧自己。不論我們想怎樣，我們是無法避免在復原的過程中失去一切或受到不當對待。不過很多時候，我回想自己曾受過的不當對待中，裡頭都有一個重要的教訓。要等到我坦然接受這個教訓，並決心在以後好好遵行，這個過程才算完成。這個教訓，往往是教我掌握自身的力量，在與他人相處時照顧自己。

有時候，這個教訓是設立界線。有時候是學會拒絕。有時候是學習掌握自身的力量，尊重並信任自己的感覺、願望與需求。有時候教誨並不明確，而我們能做的就是接受發生的事情。

有時候，在這過程中，我們可能想跟某人把某個問題講清楚——不是要怪罪、羞辱對方，或要求對方道歉，而是要明確跟對方說明彼此往後的界線，讓對方知道，我們曾被他們言行冒犯。有時候，我們是在白費唇舌。我們這時或許可以尋求指引。我們的朋友、輔導員和更高的力量能協助我們，決定在各種狀況下以最適合的應對方式。

感覺完所有情緒，教誨也很明確之後，下個階段是寬恕名單上的每個人。這並不容易。

不過，當我們準備好了，能做得到的。

當我試著去寬恕、卻不太情願時，會用幾個撇步來幫助我。請求上天祝福對方、讓對方幸福，會有幫助。宣告自己寬恕對方，會有幫助。強迫自己想想對方好的、正面的部分，會有幫助。請求上天賦予我寬恕的能力，讓關係回復到感覺是對的，會有幫助。

寬恕會在我們敞開心胸時到來。我們準備好時，寬恕就會找上門。在我們完全感受所有情緒之前，別急著寬恕。但也別逃避太久，因為寬恕能為我們帶來平靜與自由。

寬恕一個人並不是准許對方繼續虧待我們。如果我們試著寬恕某人，卻感到生氣和懷疑，表示我們可能還沒有完全探索自己的情緒，或者還沒完成寬恕前要先做好的功課。有時候我們在這麼做時，才會比較明白我們在其中所扮演的角色。如果出現了這樣的狀況，而且我們發覺自己也有責任，需要做彌補，我們可以把對方的名字加到第二份清單。

我們的目標是當我們已經接受、並從中療癒，就予以寬恕，忘了這件事。我們盡力記得的只有從這經歷當中學到的課題。我們學到，我們能夠感謝那些許多來到我們生命中、幫助我們學習與成長的人——有時候是藉由與我們對立，有時候是藉由愛，有時候是映照出我們自己需改進的部分。

彌補我們曾傷害過的人

接下來，是時候拿出第二份清單，面對被我們行為傷害過的人。現在，我們準備要直接做彌補。我們準備好，以言語和行動說出：「這是我做的，我很抱歉。」這些人，我們曾對他們做了不當的事，因為對他們犯錯，所以需要在與他們的關係中照顧自己。我們或許曾對這些人說謊、操控、利用、虧待、控制，或對他們不當地發洩怒氣。換句話說，這些人承受了我們的相互依存行為，因此現在需要加以導正。我們要準備從罪惡感中釋放自己，為自己負起責任，不再視自己為受害者，並修復這些關係。

先前說過，我們的孩子與身邊最親近的人常常會在清單最前面。這些我們身邊的人，因為我們正在受苦，而受苦最深。有時候雇主、員工或同事也在清單上。有時候我們欠某個人一個道歉，可能是前男友、前女友、前任配偶，甚至前任親家。

有時候朋友和鄰居也在清單上。

我們做好準備，直接面對這個人，不為自己辯解，掌握好自己的行為，然後道歉或做出適當補償，除非這麼做會對他人造成更大傷害。我們要很誠實，在關係中照顧自己；但是，我們絕不要在清理過往時，又製造出更大麻煩。

有時候，彌補是需與對方直接聯繫。我們講出自己做了什麼，然後為我們的行為道歉。我們不要去講對方做了什麼。我們不要試著合理化自己的所作所為，或為自己找藉口。如果需要簡短解釋，可以，但越簡潔越好。重點在於這句：「這是我做的，我很抱歉」。

例如：「為了控制你或你的成癮行為，我做了瘋狂的事。我很抱歉。」

「我對哈維過於執著，讓你很受不了，我很抱歉。」

「我對你生氣，卻沒好好處理我的怒氣，反而亂批評你、對你不好。我很抱歉。」

有時候，我們要彌補的是我們不打算要繼續維持關係的人。如果對方是先前的雇主或前任配偶，這是沒問題的。

有時候彌補是要立刻去做，是現在就可以完成與應該要去做的事。

有時候，彌補是「未來」去做。由於種種原因，過段時間再聯繫對方或許比較好。可能情緒還很強烈；可能我們仍不清楚自己到底扮演了什麼角色；可能我們還沒完全準備好。無論什麼原因，時間點還不對。因此我們等待，但我們心裡會有個適當的期限。

往往，做出彌補的過程中，我會尋求上天指引。我會變得願意。我知道自己需要在與某人的關係中照顧自己。然後我請求上天來幫助我。有時候，感覺要等一段時間、放下那個特定的問題會比較好。有時候，我祈求上天指引我做某個特別的彌補後不久，就會感覺到時候到了，要採取行動，不然就是正好撞見對方。機會來了，感覺也對了。不過，那不代表我不會害怕。每次我準備做出彌補，總感到胃裡一陣翻攪。要我去找對方，承認自己做錯了，並向對方道歉，總令我感到害怕。

但是，每次這麼做了之後，我感覺非常好。無論我多害怕，對他人坦誠、適當地道歉後，那種感覺，我發現，是我復原過程中效果最強大的天然興奮劑。

有時候只說「我很抱歉」是不夠的。我們需要改變我們對某個人的行為來補償。當然，我們無法、也不需要保證做到完美，但真誠想要改變自己行為舉止會有幫助。我們可能會決定改變我們對子女、配偶、所愛的人或朋友的態度。

開始從相互依存復原時，我養育孩子的能力很差；我訂立並貫徹規則的能力更差。我確實為自己不是個好母親向孩子道歉。但他們需要的不只這個。他們需要有個媽媽，可以教養與關愛他們。他們需要有個媽媽，設立一致、可靠的界線——他們可以倚靠的界線。

最近發生一件有趣的事。我的兩個孩子妮可與夏恩、我，和孩子們的一個朋友一起坐在廚房桌旁聊天。孩子的朋友講到最近因為自己做了某件事而被禁足，但四十五分鐘後，她母親就忘了這回事。

「喔，對啊，」妮可說，「我媽媽以前也會這樣。她現在不一樣了。」

然後我女兒露出安心的微笑，看得出來她很有安全感。我為了掌握自身的力量所做的努力總算沒有白費。我投注心力學習跟孩子訂定合理的界線並切實遵行，也有了回報。

他們喜歡這樣的安全感，知道我說話算話。

「我媽媽不像以前那樣相互依存了，」妮可說。

彌補的目的不是改變別人，或期望他們變得不同。彌補的目的是要為我們自己的行為承擔責任，清除自己製造的混亂，對我們在關係中的舉止感到安心。

我常常發現，即使彌補是要改變我們的行為，簡短的解釋、然後為過去的行為彌補，也會有幫助。「我很抱歉」這幾個字，是很有威力，能夠帶來療癒。我們不也常希望別人對我們這麼說出口嗎？我不是指成癮者失控後脫口而出的懊悔，而是直接的道歉。道歉對我們的關係會有療癒的影響力。我們無法控制別人是否願意向我們道歉，但我們能做到自己的部分，為我們的關係帶來療癒。

有時候，我們的彌補是在財務方面。我們不只是在言行上做改變來彌補。我們需要做金錢的補償。我們許多人開始從相互依存中復原時，會深陷龐大的的財務負擔。我知道很多人在展開復原時，欠了三萬到五萬美金。

這些債務往往是因為我們身處於失能的關係中，深陷其中無法脫身，到了關係結束時才發現自己——不是我們伴侶——已債臺高築。有時候，我們是借錢去幫伴侶解決問題。有時候，財務方面的失控是相互依存症狀的一部份。

願意為自己當下的財務問題承擔責任，對復原至關重要。我們許多人允許自己在財務方面因對方而成了嚴重受害者。這確實是很艱難的奮戰，不過，如果我們要復原，勢必要在自己財務方面開始做彌補跟償還。

我們盡自己所能，公平合理地處理現況。如果有任何方式，可以擺脫不屬於我們、而是對方的債務，就這麼做。這也是我們對自己做彌補的方式之一。我們盡可能採取步驟，確保每個人都只為自己的財務負責。我們再也不允許自己成為受害者。

有時候，為了承擔自己的財務責任，我們需要硬著頭皮「照單全收」。有時候我們的信用因此受損。有時候，不管願不願意，我們要承擔別人的債務。

我堅信，我們有權而且應該採取積極行動，盡可能保護自己。然而，假使我們已經竭盡所能，卻還是要為他人的債務負責，往往還是需要面對，接受事實。有時候，光是「願意接受」的態度便足以帶來療癒，讓財務不再失控。有時候，即使是還掉一點點債務，也能啟動強大的力量。

當我為自己負起財務的責任、開始償還債務後，奇蹟便發生了。沒錯，我覺得自己是受害者。沒錯，我允許自己成為受害者。沒錯，為此我有很多情緒。不過，為了往前走下去，我需要克服這些情緒，著手解決問題。

我不再把這些債務問題怪罪於對方，開始為自己負起財務的責任。

我不再允許自己成為受害者。我採取法律途徑保護自己。

接著，我訂定了償債目標。我打電話或寄信給債權人。我開始固定償還自己能力所及的金額，當時多半是每個月五美元，而帳單上要付的錢有時候多達五千美元。債權人當然希望我能還更多。但要還更多錢很困難，因為會影響到我每個月要供養的人。我很審慎周延地做到自己能做的。

那時，奇蹟就開始出現。我只能這樣形容。事情就是這樣開始發生。在我相互依存最嚴重、罹患病毒性腦膜炎那時，我積欠了數千美元的醫療費用，而且我沒有保險。我開始每個月償還一些。六個月後，我收到醫院來信，告知有個一次性的特殊計劃，可以免除某項特別高的醫療費用。我符合資格，積欠的醫療費用便一筆勾銷。

我慢慢開始還清其他債務。提供協助的錢也從意想不到的管道進來。

財務責任是復原很重要的一個部分。我們能夠基於誠信、負責任地盡力而為。

有時候，我們不確定某項特定的補償要怎麼做。我們或許願意去做補償，但不清楚該怎麼做。或許因為自己扮演的角色還不是很清晰，或許做出彌補會傷害到他人，可能是家人，也可能是我們要彌補的對象。這種時候，我總是發現，如果問自己與更高的力量，我需要做什麼來彌補，答案會出現。我會受到引領，採取最適當的做法。

有時候，我們要彌補的人找不著；或許對方已經過世。有時候，如果我們去聯絡某個人，反而造成更大的困擾。我們在做彌補時需要謹慎行事。

在做彌補的過程中，要耐心地等待指引和方向。我們需要在關係中照顧到自己。我們希望藉由彌補獲得自尊、平靜、和諧、擺脫罪惡感。但是，我們不希望因為急躁行事，不但沒有因為彌補解決了問題，反而製造出更多問題。

我們需要明確表達自己為何道歉，並且以最好的方式表達出來。我們的道歉需要是有價值的——對我們而言。我們之所以彌補，是要為自己的行為負責。我們需要找到最適當的方式。我們需要明確瞭解，我們是為了什麼承擔的責任。做出彌補的過程中，我們也需要確保，自己的行為不會導致自我挫敗或傷害他人。一旦有任何疑慮，詢問更高的力量。跟復原的人談談，聽聽他們怎麼說。等我們找到覺得適合自己的方法再進行。

我們需要做出彌補的，都會有指引與有明確的道路。有時候，那條道路引導我們直接跟對方聯繫，直接為我們的行為道歉。有時候，彌補最需要做的是改變我們與對方相處時的行為。有時候則是要付出實質補償。

然而，有時候直接講出我們做了什麼，然後向對方道歉，反而會適得其反。如果我們以前曾允許自己跟某人糾纏不清，允許對方控制我們，或者，如果我們一直都在拯救對方，然後覺得自己是受害者，那麼，講出我們做了什麼，可能反倒使關係惡化。

「嗨，我過去總是讓你控制我，這讓我很生氣。我一直在拯救你，因為我不相信你能照顧好自己。現在，我不幹囉！」

這麼說的話，可能會讓事情更糟，因為聽起來比較像在對質，不是彌補。要瞭解，說明我們的意圖有時候是很重要。有時候這麼做能夠釐清，也讓我們能明確表達出自己要改變什麼行為。但有時候，最適當的做法或許是靜靜找出能照顧好自己的方式。

我們會願意彌補。一旦我們做到，就能放手，以平靜、一致、和諧的方式去彌補。如果我們實踐步驟九，尋求釐清我們與他人的關係，就能獲得指引。我們會知道該做什麼、該怎麼做、什麼時候做。如果感覺都不對、不合適，如果覺得我們要去做的，好像會引發危機或災難，如果感覺時機不對，我們也可以信任這樣的直覺。

如果有些彌補我們無法現在去做，可以先訂定計劃，以後再做。這或許適合應用在財務問題或其他類型的彌補。我們或許想要還某人錢，但因為要養家還做不到。但我們可以把「願意償債」當做目標。或許我們想要向某人道歉，卻無法聯繫到對方。我們還是可以「願意」這麼做。如果我們願意，如果我們有完成自己的課題，我們自然會在適當的時間點被引導至適當的情境。

有些彌補無法付諸實行。或許對方已經過世，或完全失去聯絡，這時，我們可以與更高的力量討論，然後放手。

在這裡，態度、誠實、坦然與願意，是有價值的。在平靜與和諧之中，我們可以盡力消除自己在關係中的芥蒂。我們能夠放下恐懼，不再害怕面對他人或為自己的行為負起責任，而且瞭解到，彌補並不會損及自尊，反而能增進我們的自尊。

我們不需為了彌補而卑躬屈膝。在彌補的過程中，我們不必讓別人欺凌、操縱或虧待我們。我們安靜地以尊重自己的態度，在與他人的關係中做好照顧自己的工作。這是一個寬恕的計劃，而非贖罪。

我們可以明確、直接、乾脆地做出彌補。對某人彌補並不代表我們允許自己再次與對方糾纏不清，也不代表我們順服、屈從對方的不當對待。

通常，彌補的時間越短越好；越乾淨利落、明確清楚越好；越直接越好；越發自內心越好；越由更高的力量引領完成越好。

我們彌補之後，對方並沒有責任要清除我們所留下的恐懼、罪惡感或羞愧。放下以前的事，是我們要做的，不是別人。另一方面，我們也不必為別人對此事的感覺負責。這不是我們的工作。我們要做的是直接去彌補，接著做任何我們需要為自己做的事，來清除我們的羞愧與罪惡感。

我們可以寬恕自己，放下過去發生的事。

我們可以溫柔地對待自己。

實踐這個步驟後，我們可以把這件事當做已經處理完，然後放下。如果在過程中需要改變我們的行為，我們不必等到自己完全改變或做到完美後，才不再用罪惡感來懲罰自己。我們可以辨別自己以前所做的、做出彌補，就能放下罪惡感。

彌補之後，如果對方不願放下，或者希望我們繼續一起受困在那個問題中，那是他們的問題。我們不必去回應（或做什麼導致其他的彌補），也不必陷溺在其中。

如果我們沒有做錯什麼，就不需要道歉。由於各種原因，我們可能養成了習慣，為不必要的事道歉。羞愧感會讓我們為自己的存在、做自己而一直道歉。我們有些人可能覺得自己是個負擔，為了每次往來而道歉。這並非步驟九的目的。

我們可能習慣為另一個人的行為道歉，或只要對方生氣就趕快道歉。

我們可以學習去檢視自己的行為，釐清自己做了什麼或沒做什麼。我們能夠學會分辨，什麼時候是需要為自己所作所為道歉，什麼時候是相互依存症狀迫使我們說抱歉。

有時候大致的道歉就足夠。畢竟，不是所有事情都黑白分明，特別是相互依存的問題。有時候，我們只要簡單說：「很抱歉事情變得一團糟。很抱歉我處理得不是很好。其他問題就這樣冒出來，我很抱歉會變成這樣。」

有時候，我是這麼說：「如果我因為照顧自己做的事傷害到你，我很抱歉，那不是我的本意，也不是故意。」

不過，我們不必為了歉意而變得相互依存。我們不必為自己的憤怒感到抱歉，要道歉的是因憤怒而產生的行為失當。我們不必為照顧自己、處理自己的情緒、設立界線、玩樂享受、心情很好或變得健康而感到抱歉。我們不必因為別人試圖掌控我們、引起我們的罪惡感而道歉。我們不必為自己的存在、做自己而道歉。

我們不必因為不想受虐或虧待而道歉。如果我們為他人的行為一直道歉，真正需要為自己行為道歉的人就沒有機會這麼做了。

我們不必反覆道歉。那很惱人的。如果有人一直為了同樣的事要我們道歉，那是他們的問題，我們不需要和他們糾纏不清。如果我們覺得自己該持續道歉，或許應該回頭檢視，弄清楚到底是怎麼回事。

有時候，我們無法滿足自己的期望。那是人性。那也是為什麼我們會有「我很抱歉」這幾個字。它們能帶來療癒，填補落差。

但是，如果我們沒做錯什麼，就不必道歉。

彌補我們自己

我們已經談過如何彌補前兩份清單上的人。現在我們來討論最後一份清單：彌補我們自己。去找對方道歉已經很困難，要寬恕他人對我們犯的過錯，也是不容易。但是，彌補我們自己、寬恕自己，恐怕是這個計劃中最艱難的部分。

復原，包括我們經歷的一切，全都與彌補自己有關。允許自己有各種情緒是一種彌補。允許自己快樂生活著是一種彌補。以溫柔、同理心和關愛照顧自己，也是一種彌補。

學習設立界線、坦誠直接，不再自我挫敗、或讓自己成為受害者，是一種彌補。學習不再允許他人虧待和控制我們，是一種彌補。學習不再期望自己過高、掌握自身的力量、做自己，是一種對自己的彌補。

學習傾聽並信任自己，是一種重要的彌補。學習信任自己的直覺、重視自己的感覺與需求，是一種彌補。

我們可能需要對那個非常害怕、受到虐待或被忽略的內在小孩做許多彌補，對於我們這麼嚴苛、忽視、引以為恥做出彌補。我們欠自己一個道歉，而且需要改變，因為我們不讓自己獲得應有的關愛與照護，特別是來自我們自己的愛與關懷。

我們欠自己一個道歉，需要有所改變，因為我們對自己一直有很糟糕的看法，還深信不疑。那些我們不值得被愛、不夠好、不會思考、不可能成功、不該享樂，或者不配復原的想法，都是我們抱持的錯誤信念，需要被修正，做為對自己彌補的一部份。

「我就是不愛自己，」凱倫說，「我不相信自己值得愛。我不相信自己值得擁有生命中的美好事物。」

「我們多數人都不愛自己，」我說，「這就是我們努力復原的原因。復原有一個重要的部分，那就是：改變這些想法。」

傑森已經努力從相互依存當中復原六年，他會寫信給自己，做為一種彌補。每當傑森感到困擾，當他的罪惡感與恐懼又浮現，當他懷疑自己的價值，他會坐下來，寫信來安撫自己。他寫下所有美好、令人自在、有益的事物，讓需要知道這些事物存在的自己和內在小孩，感覺好過一些。

「說到彌補自己，我已經越來越實際，」他說。「我寫信給自己做為彌補，請我爸爸一起諮商，也讓我媽媽參加了兩次。兩次諮商之間，我買了一隻泰迪熊給自己。」

每天我都學到更多如何照顧自己的內在小孩。多年以來，我一直忽略她、貶低她。我曾想忽視她，希望她消失。結果她喊得越來越大聲，直到我開始傾聽為止。

我花了好幾年時間尋求幫助，指望別人、指望關係，能照顧我的內在小孩。我期待關係可以撫慰我的恐懼，愛護、支持和保護我的內在小孩。我指望關係就在眼前等著我，因為我不想自己去尋求。我不知道該怎樣做。

現在，我慢慢在學習另一個更好的方式。我在學習傾聽那個自己拋棄了大半輩子的內在小孩。我在學習跟她接觸、傾聽她、給她所需要的撫慰、關愛、保護、指引和教養。

有時候，她需要的只是三個月大嬰孩所需要的溫暖關愛。有時候她需要像四歲小孩那樣奔跑、嬉戲和歌唱。有時候，她需要聽首歌，流淚、做夢，或許願。有時候，她需要說出自己有多難過、多害怕，還有只是要被重視和認同而已。

這些照顧內在小孩的作為並非我之前以為的那樣愚蠢。而是能帶來療癒。一天當中三不五時照顧一下內在小孩，能讓我這個大人輕鬆起來，恢復活力，承擔起責任，也讓內在小孩感到溫暖、安全、有被照顧到。這麼做也使我成為稱職的母親。我的孩子們教會我更瞭解自己的內在小孩以及她需要什麼，而我的內在小孩也教我瞭解我的孩子需要什麼。

終於，我學會釋放對自己的憤怒與憎恨，因為發生在我身上的一切、別人對我的行為失當、我犯的許多過錯、我的存在，我對自己是感到憤怒又憎恨。我已放下對其他人的憤怒與憎恨，然而，我對自己感到的那股無聲且壓抑的怒火，卻是最沉重、最難放手。

直到從相互依存復原後好幾年，我才知道我對自己是如此憤怒。我花了很長時間才發覺自己對別人的憤恨、生氣與憎惡，但過了更久的時間，我才覺察到我對自己有同樣情緒，只是埋藏起來。為了不受拘束地去愛、照顧、關愛自己，為了阻止關係走向毀滅，為了消除我對愛與親密感的障礙，我必須放下對自己的憤怒。我需要寬恕自己，與自己建立更好的關係；我需要好好與自己對話，談論自身狀況；我需要寬恕與遺忘；我需要停止為我犯的錯與他人對我犯的錯懲罰自己。

我對自己的憤恨與怒氣正悄悄地扼殺我的生命，我卻毫無知覺，直到這些情緒浮現。我終於爆發，長篇大論控訴自己，那怒火和憎恨之猛烈，完全嚇到我了。我瞭解到，我的自我厭惡在我的恐懼、追求完美、甚至控制的需求中扮演非常重要的角色。如果我多犯一個錯，如果某個人或某件事又讓我失望，我就會對自己更憤怒。我瞭解到，我的憤怒是如何一直吸引類似的經歷不斷出現，原來是要引發出我的憤怒，好讓我能夠去處理它。有時候，當我對他人感到生氣，又沒有處理這個情緒，我就會一直看到有事情發生，讓我更生氣。同樣的，我老是在做和看到會強化我的自我憎恨的事情。我不停挑剔自己，不讓自己好好過日子。我的憤怒不讓我去愛或被愛。除非我釋放這憤怒，否則我無法愛自己。

到了該好好彌補自己的時候了。

復原幫助我做到。它幫助我找到內在小孩，也幫助我找到內在的療癒者──有許多復原的人都討論過這個概念。

我們每個人心中都有一個驚恐、脆弱的內在小孩，但也有一個力量強大的療癒者、保護者、關照者，能照顧內在小孩，幫助內在小孩與我們療癒。

我們需要開始用一種關愛的方式談論自己，一種使我們能夠療癒的方式，一種自我尊重、自我信任、照顧、關懷的方式接受滋養──還有尊重他人的方式。

與其他的彌補一樣，彌補自己的過程要先從「願意」開始，從明顯之處開始，也從祈求上天引開始，並在當中接受帶領。

只要敞開心胸，我們該做什麼來照顧自己，自然都會顯現，而且也會開始以關愛照顧自己。我們會得著自由，不再受對他人和自己的憤怒與憎恨所拘束。我們會獲得療癒。這是整個過程的神奇之處。我們需要的一切，都會在我們準備好了來到。

關愛並寬恕自己

步驟九中，我們向自己與他人道歉，但除了道歉，我們還要做其他的事。我們明確地為我們對自己與其他人的行為負起責任。這個步驟允許我們做現在的自己，也允許過去的自己存在。它允許我們寬恕自己，對於做自己感到滿意，不論我們之前做了什麼。

這個步驟將過去掃除，為我們提供一個代替罪惡感與羞恥的方式。我們現在能體驗自我覺察、自尊、自我接納，而這一切都基於為自己負責。

十二步驟全是給我們的禮物，不過從步驟四到步驟九給了我們一份特別的禮物：一個明確的過程，讓我們脫離罪惡感與羞恥的束縛，讓我們寬恕自己，導正那些需要修正的行為。

這幾個步驟意味著，我們再也不必懲罰自己。我們再也不必對自己的行為感到害怕或丟臉，不論是無心之過或重大過失都一樣。我們現在有了明確的解決方法，將我們從過錯與缺陷釋放出來，建立和諧的關係。

我們無力控制他人，也無法控制別人對我們的看法。但是，從我們為自己負責開始，一連串強大的療癒力量就啟動了。當罪惡感襲來，當羞愧襲來，當我們檢視自己，發現過往的想法或行為又出現，我們現在知道自己可以有其他選擇。

我們可以選擇壓抑或否認——這是我們許多人過去的反應。我們可以辯駁、可以逃避、可以躲起來。或者，我們可以接受新的解決方式，檢視內心、釐清自己的部分、與另一人跟上天談談、向自己坦承、願意彌補，然後主動去做出彌補。

接著，我們就能放手。再大、再小的罪惡感都能放下。我們能寬恕自己，也寬恕別人。這些步驟教我們不必完美。這些步驟就是照顧自己的方法，能帶來安全感與撫慰。這些步驟告訴我們可以去愛、接受完整的自己，也接受我們的過去，只要我們願意為自己負責。

我一開始實踐步驟九時非常害怕。一想到得跟別人約見面、開口承認自己做錯了什麼，我就怕得要命。我的內心有嚴格的規定，要求我事事做到完美，而且要我去承認自己犯了什麼錯、為了這些過錯道歉，真的很難。認錯讓我倍感威脅。我已經背負了那麼多罪惡感，深怕認錯就得承擔更多。我那麼竭力為自己的行為辯解，全因為我覺得自己很不堪。

我後來瞭解到，做出彌補讓我找回自己，也找回自尊。

之後，向他人認錯就容易許多，但我的課題還沒結束。我還需要對自己有同理心，要能夠並願意注意到我對自己犯的錯與帶來的傷害。比起我對他人犯的錯，這些是更難分辨與覺察。如同其他的行為，隨著時間這會變得容易一些。我越練習關愛自己，就越會養成習慣。

我越敞開心胸為自己的行為負責並做出彌補，感覺到的罪惡感就越少。對自己或別人否認做錯什麼，並不能讓過錯或罪惡感消失。

步驟九能。

實踐步驟九，信任它，然後放下罪惡感。當我們做到這些步驟所要求的，就能自由地放下罪惡感。它不是懲罰的步驟。它不是要讓我們懼怕的步驟。就像其他步驟，當我們盡力實踐，就能獲得心靈的獎賞。如同一位復原同伴所說的，「我們將獲得恩典，讓我們能夠自在地與自己、別人跟過去和平共處。」

基本具體的步驟

現在，我們已經完成許多復原者所謂的具體基本步驟。常常我們會發現自己直覺就回到自己需要的步驟。凡有必要，隨時可以回到這些步驟。

任何時候需要步驟九或其他步驟帶來療癒，就去實踐。人生中不能相信的事情很多，但我們可以信任這些步驟，而它們也會隨時都在。別擔心太快實踐步驟九：我們準備好時，它自然會找上門來。你會發現當時候到了，你就會開始照顧自己。

我們也會開始瞭解，我們以前是怎麼虧待自己。通常這些洞察力會逐漸出現。我們只要做好準備去面對，就會接收到這些洞察力、改變的方向和彌補的機會。信任時機，信任這個過程，信任這些步驟，信任我們實踐後會發生的事。

來看看《大書》上怎麼寫的（原書83—84頁）：

> 我們應該要理性、靈活、體貼且謙虛，但不必討好或屈從。做為上天的子民，我們站穩腳跟，不向誰屈服。
>
> 在這個階段，如果我們努力實踐，在完成一半時就能感覺到神奇的效果。我們將獲得全新的自由與喜悅，不為過去後悔，也不試圖埋葬一切。我們將理解寧靜這個詞的意涵，並且獲得平靜。無論過去我們沉淪多深，我們會發現，自己的經歷能使他人受惠。我們不再感覺無能與自憐自艾。我們不會對自私自利的事情感興趣，而是會關注別人。我們不再執著於追尋自我。我們對人生的態度和展望會全然改變。對人的恐懼、與對財務的不安全感會遠離我們。過去會令我們手足無措的情況，現在我們很自然就知道怎麼應付。我們會突然明白，上天正在為我們完成我們所做不到的事。

這些許諾過於誇大了嗎？我們並不這麼認為。雖然有時候快，有時候慢，但我們都會體驗到。如果我們去實踐，這一切就會發生。

復原中的酗酒者是最早獲得這些允諾、然後去實踐這些步驟的人。有些人認為，酗酒者之所以比別人更有決心實踐這些步驟，是因為他們拼了老命。我們也可以努力實踐這些步驟，得到這些益處，因為我們的人生、生活的品質，關係的品質和愛情的品質，確實也都需要竭盡全力。

練習

1. 你曾經對其他人做過彌補？感覺如何？
2. 如果你已做好準備，先設定幾個彌補的目標。例如，列出你想要彌補的人名。訂定合理的期限和道歉的目的，無論地點在哪裡，只要適當就可以。很明確或只是大概，都可以。你或許可以設下這樣的目標：「開始注意到我需要向誰道歉，然後做出彌補」。或者，你可以列出人名與事件，訂定與這些人聯絡的期限。
3. 現在哪個關係最令你困擾？在這個關係中，你需要做什麼照顧自己？如果你可以自在地對那個人完全坦白講出你的行為、感覺、想要什麼和需要什麼，你會說什麼？在這個關係中，你是怎樣輕視自己，或未能掌握自身的力量？你曾經怎樣輕視對方或貶低對方？

4. 你現在最大的罪惡感是什麼？使用十二步驟來解決的話，你會怎麼做，才能放下罪惡感？

5. 對於你做過的彌補，寫下寬恕自己的宣告，來幫助自己放下罪惡感。簡單的宣告如下：「我愛自己並且接受自己。我已為自己對○○○的行為負責，我現在可以把過去放下。」

對於寬恕他人，我們也可以寫下類似的宣告：「我已經處理對○○○的情緒，而且已寬恕他／她。我會讓平靜與愛進入我們的關係中。」

6. 探索內在小孩和內在療癒者的概念。建議可以用寫信的方式與這兩者建立連結。

作家暨演說家露西亞．卡帕席恩為此設計了一種簡單的方式。她建議，可以用非慣用手畫圖，讓內在小孩表達自己。你也可以用非慣用手寫信。問問內在小孩真正的感覺是什麼、恐懼什麼、想要什麼、需要什麼，或擔憂什麼，然後讓內在小孩畫圖或寫信給你。

然後，用慣用手回應。畫出你想要怎麼解決問題，或你想要感覺怎樣。寫封信給內在小孩，支持、安撫，保護這個小孩。在你的圖畫和信中，向內在小孩保證「一切都會安好」。

如果你聽到內在小孩需要什麼，採取行動回應。如果它想去散步、跳舞、唱歌、被抱抱、擁抱他人、獨處、聽音樂或休息，就滿足它。不必做得太過頭，越簡單越好。

步驟 10

持續檢視自己，當我們有錯時，馬上坦承。

我時時在實踐步驟十，甚至我覺得太頻繁了。一開始，要我承認犯錯，對我來說真的非常困難。現在，我還是不喜歡自己得要這麼做，但我會照做。

——貝絲．M

我和女兒吵了一架。我說了不該說的話。

這個步驟允許我離開現場，冷靜下來，為自己的行為道歉，讓這事過去，也讓女兒看到，我並不完美，父母並不完美，她也不需要完美。步驟十給了我工具，讓我得以展現人性，而且儘管如此，還是讓我能去愛自己、關愛自己。步驟十賦予了我和女兒工具，讓我們面對自身的人性，也就是「對不起」這幾個字。

我起床時發現，自己好一陣子沒有關注自己的感覺了。我全身都在痛，感覺消沉煩亂。我失去與自己的連結，又進入自動駕駛模式了。

這個步驟允許我接受自己的現狀，不責怪或羞辱自己，繼續過生活。它允許我暫停忙碌的腳步，問自己需要什麼，想要什麼。

十二月進入一月的時候，我檢視了過去一年的種種，發現我讓某個關係中的疙瘩和憤怒變成了憎恨。我覺得自己被利用。我對這個關係的狀態感到不舒服，而且會刻意迴避對方。

這個步驟允許我接受真實的自己，從那個關係中學到教訓。我可以祈求指引，信任我收到的提示，並讓帶有療癒的感覺撫平心中的疙瘩。到了二月，那段關係已經回歸正軌。我再次回到那個關係中，這次遵循了我設立的新界線。我放下了過去，不是以相互依存的方式，而是以復原的方式。我允許這個經歷教導我，關於自己，我需要學習什麼，以及我要如何與人相處。

我發覺自己卡在一個關係中，沒能好好照顧自己、表達自己想要什麼與需要什麼，只會找藉口合理化。我怕會失去這段關係，怕自己無法被信任，怕自己想要和需要什麼是不對的。我怕讓對方難過。我害怕未來。

步驟十允許我注意到我沒有掌握自身的力量，並接受這點。步驟十允許我不帶對自己或對別人的批判，開始去掌握自身的力量。

當我不再允許自己感覺情緒，當我停止掌握自身的力量，當我行為失當，當我開始否認，當我試圖控制他人或允許他人控制我，當我的憤怒漸漸沉積為憎恨，當我害怕誠實面對自己的恐懼，當我變得對別人或自己過於嚴厲、吹毛求疵時，步驟十告訴我，沒有關係，我沒問題，而且我能夠以更好的方式照顧自己，而不是羞辱或責罰自己。

步驟十挑戰了關於我自己的這個最重要、意義最大、有時候覺得最困擾的信念：我必須要做到完美，尤其是現在我正處於復原階段。

過去這個步驟讓我很害怕。我以為，這個步驟要我必須每天批判、清算自己，勇敢地找出並關注自己的短處、缺點和做錯的地方。

我很擅長這個。我不需要一個步驟教我怎麼做。

現在，我對這個步驟有不同的看法。它是一個工具，能讓我持續覺察自我，而不是把注意力放在別人身上。它也幫助我用關懷、接受的方式對待自己。關懷與尊重自己就代表我能夠不受拘束地在與人相處時，以健康的方式照顧自己，包括承認自己做錯並道歉，或在失去平穩時，重新掌握住自己的力量。

當我又開始對自己感到憤怒，或開始忽略自己——忽略自己的感覺與需求，步驟十讓我有所覺察。它讓我釋放自己的怒氣，轉而關愛自己。

當我偏離正軌，步驟十讓我可以坦率地立刻承認失誤，這樣我就能夠回歸正軌，繼續照顧自己。

這個步驟也讓我能夠每天有幾個片刻，檢視自己哪裡做得好，然後感覺不錯。

持續檢視自己

「你的注意力都放在別人身上，怪不得日子難過。」我前夫曾這樣對我說。

他原本只是說笑，卻剛好說到重點。從相互依存復原前，我極為擅長向外聚焦：其他人在做什麼、沒做什麼；他們打算對我做什麼、對我做了什麼；要是他們不是這樣做、我就會覺得好多了。

這種思維——認為其他人能夠控制我的人生路徑、能夠左右我的感覺——只是錯覺。我經歷了慘痛教訓、跌進相互依存的谷底之後才明白這點。

如果我們實踐完十二步驟，便能跳脫這種思維。偶爾，我們可能會陷入這種思維，但至少我們現在能知道自己在做什麼，也知道那是一種錯覺。我們許多人之所以展開復原旅程，是因為自己所愛的人在做什麼或沒做什麼。我們之所以會採行十二步驟，也是因為這種想法。然後，步驟一用一種新的思考方式，一種新的看待生命、他人與自己的方式，奠定我們的基礎。

到步驟四時，我們開始「向內聚焦」。我們做好準備，開始探索自己的內在。我們開始關注自己與發生在我們身上的事。我們開始看到，我們是如何習慣性地回應自己的生命，而不是把注意力放在其他人身上。

我們實踐步驟四與五的這個過程，帶我們徹底清理自己的內在。我們將自己的意志與生命託付給我們所認識的上天，然後我們清空託付的包袱。

現在，我們被帶領來到步驟十，這是一個維護保養的步驟，幫助我們持續檢視內在。這個步驟沒有要求我們要一直監督自己。它沒有要我們拿著放大鏡隨時放大檢視自己、過於警醒地察看自己的言行、神經兮兮地等著批判與懲罰自己。

步驟十讓我們持續覺察自我，還有，當我們犯錯時，能夠坦承，盡快處理。

我們要察覺哪些「過錯」，盡快承認呢？

我們可以去檢視我們對別人的過錯，那種很容易加以合理化的過錯。我們可以注意任何低於我們對自身合理期望的個人行為。

這可能包括不當地表達憤恨與怒氣、因為生氣而行為失當、懷有憎恨、控制、操縱，還有利用別人、說謊，指望他人「填補我們靈魂的空洞」，或任何我們自己不認同的行為。

我們要如何知道自己行為失當？如果我們都完成自己的課題，如果我們都處理掉過去所有合理與不合理的罪惡感，如果我們盡自己所能實踐這些步驟，我們會知道的。

我們會注意到。

我們會體驗到充分的平靜，因而能夠注意到自己的不安，也會有足夠的指引，讓我們知道該怎麼做才能解決自己當前的困境。我們會明白並且相信，自己能夠放手，允許自己接受指引，回歸正軌，無論這代表著開口道歉，或試著改變與他人相處時的行為。

我已經明白，我不能只憑感覺來實踐這個步驟。就算我沒做錯任何事，還是可能感到愧疚。或者，我可能因為在做對自己有益的事情，而覺得愧疚，例如遊玩、享樂、展現情緒，以及講出自己想要與需要什麼。有時候，對於自己真正需要矯正的行為，我卻沒有覺得有罪惡感，而是充滿防衛、想保護自己。

步驟十要求我們運用我們的智識、我們的智慧與復原的智慧，檢視並盤點我們自己。我們要信任自己的情緒，但也需要理性思考，才不會迷失在沒來由的罪惡感與自我防衛中。

我們會思考。有了新的洞察力，我們可以每天檢視自己，好好想想我們需要做什麼來照顧自己。

坦承犯錯

通常，我發現只要承擔責任、為自己的行為道歉，就可以有效化解因為自己犯錯而產生的問題。「我錯了，對不起」幾個字的療癒力量驚人。能夠說出或接受這幾個字，然後放下發生的事，是我在復原過程中獲得的珍貴禮物之一。

成長過程中，大多時候我身旁都是嚴厲的人。如果有失檢點，就會被牢記，日後反覆翻起舊帳，有時候甚至長達好多年。沒有一件事能被放過。

長大後，我也成了一個嚴厲的人。如果有人令我失望，或行為不符合我期望，我不只會生氣而已，更會緊咬不放，並且一直懲罰對方。

這也是我犯錯時對待自己的方式。

我不讓自己接受從關係和人生中所能得到的愛與喜悅。我不懂怎麼接受、寬恕或愛護自己，也不懂怎麼樣或什麼時候去寬恕別人。

我不斷原諒酗酒的人喝酒，卻繼續讓自己因為他們的酗酒行為受害。我一直用原諒與否認去取代接受現實。我完全混淆這些字的概念。

現在，我正在學習如何道歉與接受道歉，然後放手。我也明白，這麼做就是代表要去面對感覺，面對自己的感覺並接受現實。我在學著瞭解，我的感覺是現實的一個重要部份。

這幾年來，每當我感到受傷或憤怒，就會尋求上天，請上天寬恕我。我會因為感覺憤怒、感覺受傷，甚至為感覺本身，感到羞恥和懊悔。「天父啊，請寬恕我。」每次我為他人感到情緒波動，就會這樣說。我把自我和自己的感覺視為身外之物，與我的更高的力量分別開來。

若是這些感覺沒有消散，我就會感到疑惑、有罪惡感。當別人還是我行我素，我的感覺也揮之不去。

我花了很長的時間才明白——現在我還在學習這個課題——我的感覺，往往是更高的力量在與我對話、要我把注意力放在需要學習的教訓上頭。這個教訓可能是設立界線、掌握自身的力量，或是瞭解和我自己與關係有關的事情。我的感覺不是偶然的，而是我、我的生命中一個重要的部份，需要我去關注。

至少，在我繼續往前走之前，我需要充分體驗我的感覺。為了引發某種情緒，生命與更高的力量常常將類似的際遇朝我不斷發送。以前我總以為不去感覺自己的情緒，是別人對我的期待。現在，我正在學習如何比較放鬆、有尊嚴地向情緒順服，把它當做是生命必需且不可或缺的一部份。

持續愛自己

我們的人生中有另一個領域，在我們檢視自己時可能會發現我們做錯了、需要盡快承認。那就是對我們自己犯的錯。不正視與感覺自己的情緒、不設立需要的界線、不關注自己、不信任自己、不尊重自己、不傾聽自己，這些都是需要立刻關注的過錯。

對自己感到生氣、懲罰自己，是一種過錯。

忽略自己是一種過錯。

我們有些人一直處於相互依存的狀態好多年，已經養成忽略自己的習慣。對我而言，任何情況下，要我封閉情緒、忽略自己，遠比珍惜自己、信任自己與自己的感覺容易太多了。這是我們在檢視自己時需要注意的。

執著於照顧他人、把注意力只放在別人身上、忽略我們自己的情緒與需求，是我們另一種直覺反應，可能需要注意。

試圖控制關係的走向，而沒有順其自然、沒有在過程中照顧自己，也是需要注意的行為。

沒有向自己或他人誠實表達我們的需求與願望，是一種過錯。

忘了或忽略以關懷的態度對待自己，是我們可能需要注意的地方。對於任何情境，我們的第一反應時常是嚴厲地批判自己、對自己要求過高、羞辱自己。朋友啊，這麼做是一種過錯。

我們可能不必要地預期會被拒絕。我們可能落入舊有信念的陷阱：認為自己不值得被愛、能力不足、不值得。這些舊有的信念都是對我們自己犯的過錯，會為我們的關係帶來傷害。

我們可能被恐懼攫住，忘了怎樣讓平靜與信任主導自己的生活。這也是過錯。

任何時候，當我們發現自己偏離了正常生活方式，就是實踐步驟十的時候，好讓生活回到正軌。

沒能好好愛護與照顧內在小孩是一種過錯。不依靠自己，而指望別人去照顧、保護、關懷那個害怕、需要愛的內在小孩是一種過錯，會導致我們在關係或生活中變得絕望，採取相互依存的行為。

重回虧待自己、犧牲自己的生活方式是一種過錯。允許別人控制我們或我們的生活也是一種過錯。

我們又在擔憂了嗎？是否我們又想去控制無法控制的事情？在任何情況下，我們是否誤把控制當做是掌握自身的力量去照顧自己？我們又變得害怕、感到丟臉了嗎？我們是出於恐懼或羞恥，來對他人做出反應嗎？我們是否在跟他人搶奪掌控權？是否我們太過於執著了？

我們是否允許自己去感覺？去感覺我們的憤怒？

我們有沒有做些什麼讓自己心情變好？

我們是否坦誠對待他人、設立需要的界線？我們是否與自己連結？我們是否忠於自己？我們是否信任自己與更高的力量？我們是否清楚自己想要什麼與需要什麼？

這些都是我們在檢視自己時要注意的地方。如果我們發覺自己犯錯，盡快承認：對自己承認。通常，跟別人談談、講講發生了什麼事也有幫助。向上天傾訴也絕無壞處。袒露自己、展現脆弱，我們在步驟五已經學到這些。

復原時，一旦又感受到以前的感覺、無助感、受害感，就是我們對自己做錯了。我們需要盡快坦承，為自己負責，並掌握自身的力量。

我們不是受害者，不再是了。步驟十確保我們再也不需要成為受害者。

我們許多人的人生充斥著批判，想要事事完美。我們批判自己，也批判別人。如果我們做錯，就出現防衛心，試著否認自己的作為，害怕如果我們不完美就沒有價值。我們利用自己的過錯，強化對自己的憤怒和憎恨，就跟我們以前對待他人一樣。

這個步驟讓我們明白，我們本來就可能犯錯，這是在預料之中。正因為我無法做到完美，才讓我學到最珍貴且最重要的教訓。

我正在慢慢學習，所謂的完美是不帶任何批判，允許我做自己、在我所在的位置，並以負責、但關愛、不羞辱的方式回應自己：用很多的愛，來接受自己。

我發現，我們不必像害怕不愛自己、不接受自己那樣害怕偏離正軌。無論我身處怎樣的困境，只要實踐步驟十，以關愛和照顧的方式對待自己，我都能脫身。羞辱自己、不接受自己、不信任自己，並沒有幫助。

我常常發現，實踐這個步驟能改善際遇，使我受益，教我一些東西，幫助我成長跟學習。

我實踐步驟十的一個方式是用它來宣告。舉例來說，如果我害怕某個狀況發生，我會接受自己的恐懼，然後寫下克服那個恐懼的宣告。當我覺察到自己又在執著於以前的信念——那些負面、自我挫敗的信念——我就按著需要寫下宣告，驅散那些信念。

我把這個步驟十當做提醒，不要忘記關照自己。

檢視的時間

有些復原中的人喜歡在夜裡實踐這個步驟。晚上要休息時，他們會檢視自己一天的經歷與行為。如果這時發現了什麼，他們就記在心裡，提醒自己處理。可能是要處理情緒、對某人坦白、向某人道歉，或者彌補自己。我們可能需要複習某個步驟，協助我們檢視內在。如果我們敞開心胸，就會知道該怎麼做。現在，我們開啟了一個可以信任的過程，一個在我們成長階段一直支撐我們的過程。復原計劃與十二步驟不會拋棄我們。

有些人是偏好在早晨、開始忙碌的一天之前，實踐這個步驟。在這些寧靜的時刻，我們能敞開心胸，接納自己的感覺。我們或許可以問自己：我好不好？需要做什麼來關愛、負責地照顧自己？然後我們傾聽自己並加以回應。

其他人則用比較輕鬆方式採行這個步驟，相信如果自己實踐這個復原計劃，持續與復原社群的人往來，盡可能維持正軌，當在需要時，步驟十就會來找自己。

「我試著保持覺察，」瓊恩說，「我沒有天天實踐步驟十，但我一週有三次會和輔導員聊聊，讓她知道我生活中的所有事情。就算我沒有向其他人坦承做錯什麼，也會跟她承認。我還是會忘記要與我的更高力量溝通，但我知道自己找得到平靜。我會去找那些微小的答案。我接受現實。我讓出乎意料的事自然發生。」

對於我自己和我的復原，我是瞭解到這點：當某件事要引起我注意的時候到了，我不必擔心。課題不會消失，它會一直出現，直到我去處理。自然而然地，我們對於自己的瞭解會自動顯現在我們眼前。

也檢視美好的部分

當我們忙著檢視自己時，或許我們可以去注意自己哪裡做得很好。步驟十說：「持續檢視自己，當我們有錯時，馬上坦承。」步驟十並沒有要我們忽視自己做得好的地方、或人生中不錯的部分。它只要求我們檢視自己。

當我們檢視自己時，可以找出許多東西。我們可以找出自己可能會想逃避的某些情緒。我們可以找出那些暗藏在背後的低自尊或行為失當。我們可以找出又回到舊有思維、感覺或行為模式的跡象。我們可以找出那些令我們不安、直接對別人發洩的行為，然後盡快彌補。

但檢視的一個重點還可以放在自己做對的部分，以及所有發生在我們內心裡與周遭的美好部分。

這不是忙碌的工作，而是復原的一個重要部分。我們的相互依存的症狀之一，是過度執著在哪裡出錯、哪裡會出錯、我們自己哪裡可能出錯。我們要取而代之的復原行為，是學習把焦點與注意力放在做對的事上面：什麼會是對的，還有對於我們的人生會如何好轉抱持著正面的觀點。

我們或許要跟找出自己做錯什麼一樣的努力，或更努力，把焦點放在自己做對了什麼上頭。

勇敢地以關愛、正面的眼光來檢視。我們今天做對了什麼？是否勇敢地面對了某種感覺？我們或許做得不太好，但我們還是做了？是否在陷於危機時想起了某個步驟？我們今天是否採用與一兩年前不同的方式去做某件事？即使只有一點點不同？我們是否去求助某人，展現脆弱？

我們是否在開始陷入羞恥或負面情緒時，很快就覺察，然後擺脫？我們是否為自己做了什麼不錯、溫柔和充滿關愛的事？我們是否為某個人做了某件事而感覺很棒？

我們是否有好好完成自己的課題？是否以正面的態度面對不順的一天？我們是否有感恩或接納？我們是否大膽地掌握自身的力量、設立界線、維持界線？我們是否對某人誠實、坦白地講自己的事，並且覺得有拉近與對方的距離、建立彼此的連結？我們是否以對自己有益的方式掌握自身的力量？我們是否以未曾有過的方式為自己負起責任？

我們是否找時間祈求或靜坐冥想？是否信任上天？是否向上天傾訴，然後把事情託付給上天？

我們是否讓某人為我們做些什麼？我們是否在捲進別人問題之後練習抽離？當我們只想要坐著、鑽牛角尖時，是否會繼續維持日常作息？

我們是否傾聽自己、信任自己，並且看出一切是怎麼好轉起來？如果有人試圖操縱或控制我們，我們是否保持堅定？我們有沒有肯定自己？有沒有愛護自己、而不是批判自己？我們是否有關愛自己？我們是否有去參加聚會、閱讀冥想的字句，或思考某個復原的概念，即使時間很短暫？

檢視我們做對了什麼。檢視我們什麼做得很好。盡力自我覺察，但不需過度警覺。我們如果做錯什麼，就接受它、處理它。但同時，也想想我們做對的地方。

無論我們在哪裡、我們是誰、或在做什麼，即使最慘的日子（特別是在這時候），我們還是能找到一件自己做對的事、某件與我們自己跟我們人生有關的美好事情。我們還是能找到某件覺得很有希望、值得期待的事情。我們能很實際地聚焦去想，什麼是、以及什麼會是我們人生中美好的事物。

現實生活或復原過程中，都有空間容納「做對的部分」。找出負面的部分跟問題有助於解決它們。賦予力量給正面的部分，也會有助於它們茁壯。我們能夠告訴自己、他人與上天，我們對於其他人、我們自己與人生的感激之處。

我們能夠放下對自己和別人過於嚴厲的需求。我們能夠找出什麼是做對的部分。

維持自尊

步驟十是持續自我覺察、為自己負責的步驟。在其他步驟中，我們開始檢視內心，不再專注於他人。這個步驟鼓勵我們繼續這麼做。我們不必把它看做是一個嚴謹的工具，用以控制我們、確保我們表現完美。我們反而可以將步驟十當做是一個定錨點，維持我們注意力在自己身上和自己的成長過程。

我們可以允許自己享受生活，相信時候到了、我們準備好了、更高的力量也準備好了，我們要學的課題就會在眼前出現。有時候，這個課題是我們需要學習的新行為。有時候這個課題是舊有的行為再度出現。

有時候，我需要處理某個事件，面對某人或我自己，還有改變我的行為。有時候，我忘了最基本的原則，像是感恩或抽離，而這些基本原則會決定我日常生活的品質。

我們有些人發現，實踐步驟十時，會出現需要處理的新問題和領域，例如我們可能需要開始處理內在的想法或成癮問題。有時候，步驟十會對現有或過往關係、或我們過往經歷帶來新見解。

有句禱告詞我覺得相當受用：上天啊，請向我揭示我要學習的課題。請指引我成長。步驟十包容了我們的不完美，以及其他人的不完美與人性。它是一個幫助我們學習無條件愛自己與他人的工具。不要害怕去採行它，而是相信，在我們的人生、復原、還有關係中，我們就在我們應該在的地方。

我們會越來越想盡快認錯，無論是對自己或別人犯的錯，因為我們會瞭解這麼做會帶來平靜。不安與疙瘩常是種跡象，提醒我們要實踐步驟十，並且檢視內在。相信答案自然就會到來。

當你在成長、改變、人生與復原的路上掙扎前行，請對自己和他人保持耐心。當你努力要找出問題、還有自己在其中扮演什麼角色，請保持耐心。請敞開心胸，因為答案會到來的。歡迎有洞見。我們能夠信任復原過程會帶領我們去哪裡。我們能夠信任在這過程中會發生什麼與我們會在哪裡。我們內在有某個東西、很重要的東西正在轉變，無論我們是處於平穩時期，還是處於重大激烈的轉變時期。

我們不需要去控制這個過程。我們可以放手，讓它自然發生。藉由實踐步驟十，我們關於照顧自己需要知道的一切，都會向我們顯現。

一旦我們實踐至步驟十，就能藉著定期實踐這個步驟，來維持並增進我們的自尊。這個步驟融合了我們從步驟四到步驟九所學的一切。只要有必要，我們都能再一次複習整個過程，維持在正軌上。

我們實踐步驟十不是為了懲罰或貶低自己，而是為了維持我們與自己還有他人的關係和諧。我們是為了維持在正軌上。我們不會把步驟十用在別人身上：我們是檢視自己，檢視我們自己的想法、感覺、行為與前進方向。

當我們偏離正軌，當我們需要處理的問題浮現，我們現在知道該怎麼做。我們找出問題，跟某個人講述。我們坦誠以對、不為自己辯駁、不害怕、不感到羞恥。我們接受發生的一切，為自己於其中扮演的角色負責。接著，我們願意做出適當彌補，然後放手。

這個讓我們維持在正軌的過程，會成為習慣，就像過去我們為了生存養成的行為。下次我們做了令自己困擾的事情時，我們就不會浪費精力沉浸於羞恥當中。下次我們又卡在舊有的行為時，即使我們比較瞭解了，我們也不會懲罰自己。我們可以實踐步驟十：找出問題、談論問題，盡快做出彌補，無論是修正對自己、還是對別人的行為。讓這個過程發生，然後懷著對自己和他人的愛，繼續過我們的生活。

以前對我來說，承認自己在對待自己或別人時做錯什麼是萬分艱難。我曾以為，自己的自尊完全奠基於「我永遠是對的」上頭。這種思維侷限了我的成長空間，也侷限了我的自尊。

現在，在不斷學習與自己比較自在地相處之後，我發現坦承自己的過錯就容易多了。對於整個成長、復原的過程，我比較能敞開心胸、展現脆弱、謙卑以對。

向他人承認我錯了，對我還是很困難。要我覺察到自己需要努力做到的新行為，對我也還是很難。我去道歉之前，還是會倒抽一口氣，躑躅不前。我必須先擊退我的防衛心和驕傲。我「要完美」、「是對的」的需求還是潛藏著，想要被聽見。

步驟十、這個復原計劃教我：我不必聽從那些舊有的想法。我的平靜、喜悅，對自己和他人的愛，全都來自於我接受自己。它們來自於我允許自己誠實、坦白，還有在與所愛之人、同事與親人相處時為自己負責。它們來自於我為自己和我的需求負責。

當我很快對自己或別人坦承做錯了什麼，我的自尊與對自己的愛就會恢復。

步驟十允許我做自己，允許我不完美。它也允許我愛和關照自己，把注意力放在生命中對的部分。它讓我在跟其他脆弱的平凡人相處時，也能夠是一個脆弱的平凡人。步驟十允許我寬恕自己，也教我如何寬恕他人。

這個步驟十將「寬恕」與「接受」融入我的日常生活，教我無條件地愛別人與自己，同時仍為自己負責。

我們不必什麼都完美、什麼都是對的。我們現在可以對自己與其他人說出：「我錯了，對不起。」

步驟十允許我們誠實地做自己。問題出現時，我們會處理。定期採用這個步驟，讓我們先前發現到的美好感覺繼續茁壯，維持下去。

練習

1. 你怎麼持續做自我覺察和自我檢視？每天早晨或晚上，你會花時間回顧自己的一天嗎？或者你是讓洞察力在生活與復原過程中自然出現？你會結合所有方法嗎？哪個對你最有用？
2. 上一次你發覺自己做了某件感覺不太好的事情是什麼時候？你是否馬上處理這個問題？
3. 無論每天，還是每週，規定自己找到一件人生中美好的事情，或關於你自己的一個不錯的想法。肯定那個想法或事情，直到進入心中，並且感覺很真實。盡力為某個對你重要的人，找到一件你最欣賞的事，並勇敢告訴對方。

4. 觀察恐懼、憤怒或憎恨如何在你的生命中浮現。注意這些情緒背後的念頭。觀察你對自己的憤怒如何影響你對別人跟自己的憤怒和行為。

5. 今天你和內在小孩最需要做的宣告是什麼？你是否需要告訴自己，一切都很好，你可以放慢腳步、輕鬆下來？你是否需要答應自己，會在某段關係中好好保護、照顧自己？你需要跟自己保證，你想要和需要的愛會到來，而且你值得擁有充滿關愛的關係？就你自己和你的人生來說，今天最令你困擾的恐懼或想法是什麼？你是否面臨充滿壓力或恐懼的狀況？你是否感覺某事不對？寫下充滿關愛、照顧自己的宣告，幫助你自己和內在小孩明白，人生的一切都會好好的。

步驟 11

透過禱告與靜坐冥想，增進我們與我們所認識的上天有意識的接觸，祈求明白上天對我們的旨意，與付諸實行的力量。

不管生命中還有多少次要的目標，最重要的目標永遠是靈魂與自我、與上天合一的過程。讓你的生命充滿光與信任，受其撫慰，因為一切際遇都是註定。

——《宇宙逍遙遊》

「順其自然吧，梅樂蒂。順其自然就好。」

這句話，輔導員對我說過多少次了？又有多少次，我聽完就生氣了呢？很多、很多次。

我要怎麼順其自然？怎麼相信不會再失去和受虧待，開始相信人生會圓滿？

我慢慢學到，我不僅能順其自然，也能信任順其自然。我即是其中的一部份。如果我連接上更高的力量和上天對我的旨意，我就會知道該做什麼、還有什麼時候該做。照顧自己、掌握自身的力量，會是——現在就是——順其自然的一部份。在我做好準備時，在我願意時，我就會成長和改變，成為我應有的樣貌。

我最喜歡步驟十一。它帶領我從成癮中清醒。它帶領我熬過貧窮、痛苦與絕望。它引領我走出相互依存谷底的痛苦。它給了我展開復原所需的一切，持續療癒我。它屢屢帶領我從困惑走向清明，從受害者走向掌握自身的力量。這個步驟帶領我邁向真正的人生：一個屬於我自己的人生，一個完整的人生。

步驟十一帶領我從現在的位置，走向未來前往之處，幫助我信任現在的位置，也信任未來要去的地方。它帶領我度過每一天。如果我們只瞪著迷宮般的人生，很容易被無數通道、走廊、門與選擇迷惑。它幫助我們專注於當下的道路，讓我們能自信地穿過迷宮。

順其自然不代表我們不改變現狀。它的意思是我們終於能夠改變現狀。傾聽自己與上天，我們會知道什麼時候是時間到了，要採取行動，而我們也會被賦予付諸行動的能力。我們不需與上天爭辯自己是否能照顧自己——這是我們與自己的爭辯。我們下一步的行動是決定照顧自己的最好方法，並祈求上天幫助。

有時候我們要順服，有時候要放手，有時候要退讓。有時候要等待，有時候要行動。有時候要溫柔關懷，有時候要付出，有時候要接受。有時候要講出來、掌握自身的力量、照顧自己。實踐這個步驟，我們就會知道當下該怎麼做。

增進有意識的接觸

我的復原是從禱告開始。當時，我正住院治療藥物成癮問題。我不想待在那裡，也不想清醒，但我已經無路可走。記得我躺在小小的病房，盯著天花板看，我說：「上天啊，如果祢在，如果祢還關心我……有任何幫助我復原的方法，都請幫助我。」

當時我以為我的祈禱撞倒天花板就掉到地上了。我錯了。幾週之內，我開始清醒。有人告訴我，可以每天早晨祈求上天幫助我，夜裡感謝上天的幫助。我照做了。有人給我一本靜坐冥想的書，要我每天早上閱讀。我也照做。

我十一歲之後就不再對上天傾訴。我都還記得是哪一天。那是某個週日早晨，我正走在路上，滿懷著絕望與困惑，要去教會。我不懂我的家人，也不瞭解自己。還有，我很痛苦。我抬頭望天，然後搖搖頭。如果真有上天，祂也不在乎我。如果上天充滿愛，怎麼會讓我生活在如此痛苦與悲慘之中？我決定忘了上天，忘了教會，自己想辦法面對痛苦。

一年內，我酒精成癮。幾年內，我藥物成癮。十四年後，我在州立醫院治療藥物成癮，向上天禱告，但不確定祂有沒有聽見。祂聽見了。我就這麼在醫院清醒了過來。我相信，是時候到了，清醒就這樣在我生命裡發生。我相信這是上天的恩慈讓這件事發生，是因為上天的緣故。我也相信祈禱的力量。我的心終於敞開。

我開口求了。

於是就這麼開啟了我禱告與靜坐冥想的歷程——也是我的心靈的旅程。剛開始我都是做簡單練習，不是很確定，但有去做就足夠了。這個步驟的效果開始在我的人生中顯現。接著，我開始實踐步驟十一另一個重要的部分：學習信任上天對我人生的旨意與計劃，並瞭解這其中包含了照顧自己與愛自己。

我們從相互依存中復原時，在學著重建的所有關係裡面，我們與自己、還有與更高力量的關係最重要。它們是我們所有關係的基礎。從相互依存中復原時，我們與上天的關係會引領我們與自己建立充滿愛、密切和親密的關係。反之亦然。與自己建立親密、充滿愛的關係，會帶領我們與上天更親近。

一位女性曾說：「這麼一來，其他所有的關係都只是錦上添花。」

步驟十一告訴我們該怎麼做。我們禱告，我們靜坐冥想，增進與上天跟與自己的連結。每一天，我們求上天揭示什麼是對我們最好的路徑，並賦予我們力量，做好自己的部分。

以祈禱尋求

我們都能根據自己相信的真理，按自己選擇的方式理解上天。步驟十一具體要求我們透過祈禱向我們所理解的上天傾訴，祈求上天讓我們明白祂的旨意，並幫助我們實行。

祈禱就是與上天說話。祈禱可以是一個字或一個念頭。它可以是對喜悅或悲傷的表達。祈禱可以是寫信給上天，或者傳統的祈禱詞。

我有一台電腦存滿寫給上天的信。我喜歡重讀它們，回顧我的每個祈禱是如何被聽見與回應。有些解答很快出現，有些花了較長時間。上天讀了我所有的信，儘管這些信都被留存在我的電腦硬碟裡。

我們想怎麼祈禱都可以：站著、坐著、跪著、閉眼、張眼、躺著，或走在林間小徑。

「我試著隨時跟上天保持有意識的接觸，」貝絲說，「在銀行排隊時，我對上天說話。開車時，我對上天說話。隨時，我都在跟上天說話。」

「一整天我都會重複說著，『願祢的旨意得成』，」蓋瑞說，「像唸咒語一樣。」

禱告不必複雜。我們可以在心裡面說，直接將我們的想法傳達給上天。或者我們可以說出聲音來，像跟人講話一樣。我們跟上天說話時不必轉換語言，不必裝成某個人。我們在上天面前，可以做自己。當我們需要跟上天說的時候，我們能說出自己需要說的。我們會與更高的力量建立順暢的連結，並討論需要什麼來維繫這個連結。

有時候，我們能預見或預感未來會發生什麼，不過，更高的力量通常是一天一天地指引我們，我們也是一天一天地獲得力量去施行這些指示。相隔十四年後，當我與更高的力量恢復關係時，我很膽怯，不確定該怎麼做，也不知道我的禱告有沒有被聽見。我規律地每天早晚禱告，強迫自己閉上眼，靜靜地說些什麼。

我非常倚賴《主禱文》。很多復原團體都會使用主禱文，是非常有效的禱告詞，令人感到安心。之後，隨著復原的進展，我參考《大書》，發展出自己的復原禱告詞：

感謝祢保守我昨日平順。請幫助我今日也平順。接下來的二十四小時，我只祈求讓我明白祢對我的旨意，以及付諸實行的力量。求祢使我的思維除去固執、徇私、欺瞞和不正的動機。在我懷疑或猶豫時，求祢將對的思緒、言語或行動傳達給我。請向我揭示下個步驟應該是什麼，並幫助我解決我所有的問題，願所有榮耀都歸於祢。

在復原禱告詞與主禱文之間，我學會說出自己需要說出的事情。我告訴上天我在煩惱什麼。我求上天保護我的孩子、療癒我的恐懼。我求上天幫助我解決當日會遇的問題。

我會向上天訴說自己的感覺。向上天坦誠並不容易辦到。有時候還是很難。有些日子裡，我感覺不到跟自己、別人或上天有所連結。有些日子裡，我的禱告詞沒有感情、不真誠。一開始，我幾乎沒跟上天說什麼。現在，我有時候會說得沒完沒了。

從相互依存復原前，我常乞求上天去控制和改變其他人。我現在不會了，至少大多時候不會。我曾有很長的時間感到絕望，因為上天沒有回應我的禱告，去控制和改變其他人。我開始懷疑上天是否已離我而去。我開始納悶，什麼才是上天對我的旨意，因為別人都不按照我想要或指望他們的去做。事情都沒有按照我原本的計劃發展。

接著，慢慢地，我開始明白，上天的旨意是要我接受當下的際遇，甚至、還有特別是，當上天的旨意與我料想的不同時。但我明白，上天的旨意是要我學會脫離受害者角色，照顧自己——無論發生什麼。上天的旨意是要我學著信任上天，以及我自己。

我瞭解到，上天的旨意是要我去感覺並接受自己的情緒，而非為了有情緒道歉。上天的旨意有時候是要我設立界線、為自己挺身而出，而不是要求上天叫其他人停止做傷害我的事。

有時候上天的旨意是要我道歉。常常，我學習到，上天的旨意是要我接受並愛護自己。除了固定晨禱，我一天當中也會隨時禱告。有時候我會說說自己煩惱什麼，有時候則是吶喊求救。

不確定該怎麼做時，我會祈求指引與方向。而且，無論發生什麼，我越常記得感恩，事情就會越順利。

禱告會轉變我們。感恩的禱告會轉變我們的生命與際遇。感恩會將負面能量轉變為正面能量，能孕育出「接受」，帶出各種際遇裡最好的結果。

有些時候，我忙了一整天都找不出時間禱告。我不喜歡這種日子，不過，我正在學習去相信，就算在這種日子裡，上天也不會棄我而去。

慢慢地，我學著向上天更敞開自己。我學著信任上天。這種信任不代表我再也不會經歷到痛苦、壓力或我討厭的狀況，只代表我可以相信，當下都會朝好的方面發展。

我也在學習向上天傾訴所有的請求，不分是大是小、重要與不重要。我可以把它們都放進禱告裡，然後放手，求上天的旨意得行。

我們每個人都能找到自己祈禱的方式、原則和溝通方法。有些人喜歡遵循特定宗教的禱告方式，有些人則偏好隨性地與上天溝通。

比起禱告的方式，真正努力去做比較重要。我在學習，無論自己想不想，就是去禱告。我在學習，我能信任，無論自己感覺信不信任。

有很多次，我向上天乞求某事，結果因為沒能成真而感到憤怒，然後，過了一年，我非常感恩，因為上天所做的遠遠超乎我所求所想的。常常，最後我都是因為上天沒有讓我用自己的方式去做而感恩不已。

我正慢慢懂得，為當下發生的一切感謝上天，是不會有問題的，即使那不是我想要的，即使我今天一點也不覺得感恩。

有時候，我很頑固，拒絕向上天祈求我需要的幫助。常常，我會被提醒，雖然我很堅強又能幹，但有個力量會用奇蹟、充滿能量並且療癒的方式幫助我。

祈禱是我們保持自己跟上天連結的方式。它是轉變的起點。

靜坐冥想

祈禱是我們跟上天說話的方式。靜坐冥想則是上天跟我們說話的方式。

許多人會以各種方式靜坐冥想。如同禱告，每個人都可以選擇自己的方式進行。閱讀是一種方式。書店有很多這方面的書籍。這種書都不大，裡面是每日附上一句引文、一段文字，有時候是一段禱告詞。很多這種類型的書是專為相互依存者設計，有些是給一般讀者閱讀，卻特別受到相互依存者歡迎。很多人喜歡在一天的開始之際花點時間閱讀一小篇，來提醒自己復原的原則，幫助他們對自己感覺很好，維持在正軌上。

在過去經歷的幾個階段中，我讀了好幾本靜坐冥想的書。我手邊總是有好幾本。壓力大的時候，我可能早上讀、中午讀、下午讀、夜裡讀，任何時候需要幫助時就讀。

有些人是用聽的方式靜坐冥想。現在有許多靜坐冥想的專輯，可以幫助我們放鬆、平靜下來。很多專輯會附上文字，這些文字有各種主題，如寧靜、放下恐懼、接受自己等等。

有些人則是以按摩做為一種放鬆、安穩、進入冥想的方式。

有些人尋求另類的靜坐冥想方式。「我不喜歡傳統宗教，」傑克說。「但我發現，我對宗教的不滿會迫使我捨棄所有靈性展現的形式。現在，我從原住民信仰、禪的冥想和薩滿教當中找到靈性展現的方式。在探索過程中，我強烈地感覺到自己的靈性。」

有些人偏好傳統的方式。他們會到一個安靜的地方，在那裡靜坐冥想。「每天晚上與清晨，我都會花點時間靜坐。」莎拉說。「我傾聽訊息和指引，告訴我當天要做些什麼。我一直在尋求指引。」

無論我們怎麼進行、什麼時候進行，靜坐冥想的目標都是讓我們自己與思緒平靜下來、放鬆、安穩、平和，與上天和我們自己連結起來。我們把生活中總是會出現的混亂、緊張和恐懼擺脫掉。我們把這一切都放下，安靜下來。

我以前認為靜坐冥想很浪費寶貴的時間。我覺得壓力已經這麼大，事情這麼多，花費任何一時半刻去放鬆，真的是浪費寶貴的精力。但我現在的想法已經不同。

我發現，靜坐冥想絕非浪費時間，而是像是車子停下加油。靜坐冥想是我重獲活力和更新自己的方式，是我擺脫負面能量、敞開心胸接受正面能量的方式。

靜坐冥想是敞開我們的心智與心靈，也就是我們的靈魂，與上天連結。執念、擔憂和鑽牛角尖不是與上天的連結，而是與恐懼的連結。

為了與上天連結，我們需要放鬆，敞開我們的意識與潛意識，與更高的意識相連結。在每天忙碌的生活中，還要我們慢下來、停下手邊的事，休息一下靜坐冥想，看起來很浪費時間，但絕非如此。比起我們靜坐冥想所花的時間，它能創造出的時間與精力更多。

我們藉由跟自己連結，來與上天建立連結。

一旦我們跟自己連結並信任自己，就能知道何時需要進行靜坐冥想。我們可以規律地靜坐冥想，也可以傾聽自己，知道自己何時需要暫時脫離忙碌的生活，平靜下來。

靜坐冥想與禱告都是有效的復原行為。我們需要保持耐心。我們不能指望靜坐冥想的瞬間就能得到解答、洞見、啟發或療癒。就像我們也不能期望禱告馬上能應驗、獲得回應。但解答終究會到來。只要我們透過靜坐冥想和禱告完成該做的部分，解答就會出現。

上天對我們的旨意

禱告與靜坐冥想並不是要我們去做沒有意義的事。禱告是我們得以轉變的方式；靜坐冥想是我們得以更新的方式。兩種方式都對我們有益，幫助我們維持在正軌上。

我以前總是擔憂、焦躁不安。我擔心可能發生的事、自己的行為，擔心自己做得不夠好、沒有把該做的事情都做完。有時候我擔心我到底有沒有自己的人生。

有時候我看著別人忙東忙西的，會非常羨慕。他們的生活看起來好有活力、好有趣。我不確定自己的人生是否真的存在。

我對於每天的事情永遠都很焦躁煩惱。祈求上天讓我明白祂對我的旨意、賜給我力量、讓我熬過去，會讓生活簡單容易一些。這個方式告訴我，只要祈求上天讓我明白祂對我的旨意，我就能獲得每天所需要的力量，完成我應該要完成的事情。如果我做不到，不需勉強。如果上天的旨意是要我去做，我就會獲得我所需要的力量去完成。

這代表，我能夠信任順其自然。我能夠信任自己，我能夠信任上天。時候到了，我就會獲得力量，去做我需要去做的事情。時候到了，我就會獲得見解、幫助、能力、成長與指引。如果我還做不到，就表示時候還未到。

如果採取行動的時候到了，我會知道。如果時候還沒到，我就繼續靜靜地過日子，每天盡可能為自己的行為做出最好的抉擇。

如果我無法採取行動，我能夠放手。

不過，我會一直信任自己走的路。

祈求「明白上天對我的旨意與付諸實行的力量」，上天永遠會應允。

步驟十一向我們保證，我們每個人都有自己人生的路徑。有時候，路徑很單純，任務也簡單。有時候路徑指向等待，有時候指向感覺或療癒。有時候路徑指向給予，有時候指向接受。我們能夠選擇。我們能參與開創自己的路徑。

有時候，它意思是說「好」，有時候是說「不」。不過，就算前方道路不明確，我們永遠都有一條屬於自己人生的路徑。

有什麼事正在發生。某件好的、重要的事，正在我們內心與周遭發生。我們在學習自己的課題，未來也會持續學習。當時候到來，我們會被賦予力量，完成該完成的事情。

我們能放鬆，順其自然。

有時候，我感覺順流而下，卻遇到湍急亂流。一個朋友說這是「靈魂黑暗」的時刻。

儘管盡了最大努力實踐、致力復原、好好照顧自己，我們有時候仍感覺生活或復原面臨瓶頸。痛苦可能令人難以承受，彷彿上天已離去。但上天未曾離開過。

遇到艱困的時候，我們不要懲罰自己，復原途中總會有不順利的時候。我們不必為自己的情緒、疑慮、擔憂和錯誤懲罰自己。

我們也不需要責怪上天。

我們能夠放鬆，順其自然，儘管際遇令人痛苦，儘管我們無法確定自己將被帶往何處。逆境不會永無止境。困惑不會一直延續。平順終會到來。解答終會到來。籠罩我們靈魂的黑暗終會消散，日光終會出現。

對我來說，禱告與靜坐冥想最困難的是我很沒耐性。我喜歡立竿見影，馬上獲得解答。我想要立刻看見改變。如同一位女性曾說：「我喜歡進度超前三到六個月。」

這不是禱告或靜坐冥想的運作方式。我們禱告，向上天傾訴，接著放手。然後放下更多。答案會到來，但不是因為緊抓不放，而且也不會立即出現。當我們放手、允許生命之流帶我們向前，答案會到來。當我們放下恐懼，答案就會到來。

有時候，靜坐冥想不會馬上或很快見效。有時候，我靜坐冥想結束後跟開始前都一樣感覺很混亂。

但是，我們可以相信禱告與靜坐冥想，而且無論如何就都持續進行。有時候，我們覺得自己已經祈求、懇求，甚至乞求上天讓我們明白對我們的旨意，以及賜與付諸實行的力量，可是什麼也沒發生。這是錯覺。各位，一定會有什麼正在發生。

有時候我們要做的很簡單；做家事、參加聚會、打電話給朋友，或者等待。有時候上天的旨意是什麼也別做，有時候這甚至比要求我們做些什麼更困難。

有時候，採取行動的時候到了，但我們不必擔心，時候到了，我們會得到所需的指引、力量與協助，做我們該做的事情，其他的就都放手。如果我們等到時候到了，該怎麼做自然就很清楚。這一切會自然、逐漸、輕鬆地發生。

這不代表我們不必克服障礙與面對挑戰，也不代表我們不必爭取自己想要的。但我們會得到所需的力量與協助，面對障礙與挑戰，並且突破困境。

步驟十一是順其自然的步驟。藉由向上天訴說、傾聽上天，我們能放鬆、放手，讓一切自然發生。向上天祈求明白上天的旨意以及付諸實行的力量，我們便能夠信任即將要發生的、以前發生過的與未來將會發生的。我們能信任自己。

我們現在很安全。我們有受到關照與保護。我們現在能自由地過生活和愛自己。

這個步驟讓我們放下控制的需求，放下對別人與我們人生的控制。透過訂定目標、宣告、遵行基本的準則，我們就能做好自己該做的。我們禱告和靜坐冥想，完成該做的，接著就能放手，允許自己接受指引，獲得真理、健康、療癒、快樂、喜悅、自由與愛。

我們可以相信當下發生的一切，就算看起來不像我們能做到。或者，像有人這麼說的：「我們可以信任上天，就算看不出來我們能做到。」

有些日子我們的人生感覺「順暢」，事情很快能順利解決。有些日子我們可能會禱告，「願祢的旨意得成」，結果處處碰壁，百般不順。

所有日子都一樣。

如果情緒出現，就感覺它們。每天、每個時刻，當我們需要愛、關懷與接納，就盡可能隨時關愛、照顧自己。向一切感恩。祈求我們想要與需要的。

接著，複述「願祢的旨意得成」，完成整個過程。

然後，相信發生的一切。

這個步驟會帶我們度過最好和最糟的時刻，帶我們經歷痛苦與快樂的感覺，帶我們前往任何我們需要去的地方。時常實踐這個步驟。復原時盡快實踐。如果我們有實踐其他步驟——承認並接受自己的無能為力、將我們的意志與生命託付、清理內在——我們就會是乾淨的器皿，很容易就可以接收到上天的指引。

傾聽。傾聽自己，傾聽上天。相信我們所聽到的。

我曾以為，遵行上天對我的旨意就是謹守嚴格的規範、指示與禁令。我曾以為，遵行上天的旨意代表我需要做到完美。

現在，我明白那是相互依存。

常常，在我的生命中，上天的旨意是我們稱為「直覺」的微弱聲音，存在於我們內心，而不是規範裡。當我們內心嘈雜與恐懼，就很難到那聲音。

有時候當我們開始信任自己與更高的力量，就會發現自己在犯錯、幹了愚蠢的事、還以為在遵行上天的旨意。

沒關係。我們可以繼續朝這個方向前進。就順其自然，繼續實踐這個步驟。繼續傾聽與信任自己和上天。每天，需要時就盡量實踐這個步驟，來保持平穩、平衡、回到當下。

當學習某個課題的時候到了，我們自然會去學習。

靜止。安靜。祈求指引。然後讓自己自信地向前。學習將直覺與理智和情感結合在一起。有疑慮、有困惑時，可以停下來，問問：我該怎麼做，才能照顧自己？然後傾聽，相信自己所聽到的。

有人曾說，「當我面臨棘手狀況時，我會自問：『什麼是我現在生命中絕對要去做的事？我是以此而活著，還是我是為了回應別人的需求而活著？』」

這個步驟告訴我們，我們有自己的道路，沒有人能夠干涉。我們不必那麼執著於他人。其他人手裡沒有掌握我們幸福的鑰匙，也沒有掌控我們人生的鑰匙。

沒有任何一個人，可以阻止或干預即將來到我們面前的美好與愛。其他人無權掌控：那只存在於我們與更高的力量間之間。

我們可以無條件愛自己，無條件愛其他人。我們可以自由掌握自身的力量，做我們照顧自己該做的事，相信愛護、照顧自己的行為能引領我們自信地往前邁進。

我們所需的一切都會到來，我們想要的一切美好事物、以及渴求的愛、成功、友情、療癒、需求的滿足，不論大小，都會到來。

這個步驟是我們在祈求：「讓我明白祢要我怎麼做，並幫助我做到。」這個步驟是我們跟上天說話、也讓上天跟我們說話——透過讓我們的靈魂平靜，與上天對話。我們求上天讓我們明白要做什麼來照顧自己，並求上天幫助我們。我們求上天協助我們為自己負責。

我們現在受到好好照顧了。從敞開自己，與靈性意識連結開始，我們啟動了一連串正面的事件，使我們本身、人生與關係都受益。無論我們是在一大早時、喝咖啡小憩時、洗澡時、搭飛機，或在車裡時禱告或靜坐冥想，都是我們的選擇。

當我們增進與上天有意識的連結，我們與自己和其他人的連結也會增強。我們會找到、並且維繫與上天的連結——還有我們與自己的連結。

花點時間禱告和靜坐冥想。不是要批評自己做得不夠好。別擔心上天是否聽見我們的禱告，或者在不在乎。上天一直都在，而我們每一個人都能與上天建立連結。

步驟十一將帶領我們度過困頓與得意的時刻。我們不知下一步該怎麼做時，上天知道。我們會相信，每天我們就在我們需要存在的地方，也在我們應該存在的地方。

信任上天。信任自己。信任我們的生命。上天絕對、絕對不會要求我們去做任何上天沒有給予我們力量和資源去做的事。如果我們真要去做，我們會獲得力量。這是這個復原計劃容易實踐之處：我們絕不需要去做超出能力所及的事，絕不需要做任何我們無法做到的事，絕不需要在時候未到前做任何事。

時候到了，我們就會去做。

練習

1. 你開始在生活中祈禱了嗎？有規律祈禱嗎？你對祈禱、對上天傾訴的感覺與恐懼是什麼？你覺得，一天之中什麼時候最適合祈禱？你有偏好的地點嗎？
2. 你如何靜坐冥想？喜歡靜坐冥想的書嗎？你最喜歡哪本？你覺得什麼時候最適合閱讀這類書籍？你喜歡用聽的嗎？你曾經嘗試過其他形式的靜坐冥想嗎？
3. 有其他的活動能幫助你放鬆、建立與自己的連結嗎？
4. 下次面臨壓力時，與其咬牙挺過，不妨試試停下手邊的事，用某種方式讓自己平靜、安穩下來。如果你在工作，可以到一個私密空間——例如，你自己的辦公室，如果有的話，或者也可到洗手間。深呼吸，然後放下所有思緒、擔憂與混亂。讓你的平靜與療癒進入你的身體裡。能持續多久就多久，或需要持續多久就多久。

步驟 12

貫徹這些步驟、讓我們的心靈覺醒後，我們要試著把這樣的訊息傳達給其他相互依存者，並在日常生活中實踐這些步驟。

「噢，我一生都是受害者，」他說。「不是的，喬，」她說，「是你的人生令你措手不及。」

——《跳火山的人》

我坐在州立醫院的草坪上。那是我向上天小小禱告後的兩週左右（當時我以為上天大概沒聽見我的禱告），我祈求祂幫我尋得一個復原計劃——前提是真有這樣一個計劃存在，以及我真的還有救。

我當時還在嗑藥。我不知該如何停止，甚至不確定我想要停止。就在幾天前，我才見識到自己的無能無力。我在收音機裡藏了點安非他命，而體認到我根本無法停止嗑藥，即使會面臨嚴重後果。我也隱約感覺到自己已經失控，即使「否認」仍掌控著我。

我躺在平緩的綠色草坡上，抽了一口我從其他病人那裡要來的大麻煙。大麻不是我喜歡的毒品種類，但它還是毒品。我只希望大麻能改變我當時的感覺，讓我飄飄然，不必去感覺。

我吸氣，吐氣，然後抬頭盯著天空。瞬間，雲朵開始散去。我感覺到宇宙的力量在對我說話。人生頭一遭，我清楚感覺到上天的存在。

上天的存在突然充滿在我的良知，而在那之前，我的良知早已不再運作。我開始覺察，開始害怕。在那個片刻，直到我的靈魂深處，我明白了自己沒有權利繼續對自己這麼做：繼續用毒品填滿我的身體。

無論我是否接受，上天都是真實存在。

天穹似乎敞開，變成紫色。我的意識被轉變了。

我又抽了一口大麻煙，接著熄掉，然後走回醫院。我沒有告訴任何人發生了什麼事。畢竟，我已經在精神病院；我害怕說出這件事會讓我永遠被關在這裡。我把先前花在嗑藥的心力，現在開始用來專心實踐十二步驟，以及恢復清醒。

這件事絕不是藥物引發的幻覺。除了幾個月後我破戒喝了一次酒，從那件事之後，我再也沒有使用藥物——因為上天的恩慈和十二步驟的幫助。

那是我心靈的覺醒。它徹底轉變了我，也徹底轉變我的生命。這並非實踐十二步驟的結果：是心靈覺醒使我能夠實踐這些步驟，並讓這些步驟在我的生命發揮效用。

這是我的心靈與靈魂一次巨大的覺醒。那是一種徹底改造的體驗，就像發生在我現實生活中那樣真實，甚至更為真實。然而，儘管那次心靈覺醒對我的影響深遠，卻並不完整。我還經歷了另一次覺醒，才使整個過程完整：那是當我全心投入，努力從相互依存復原之時。

讓我們檢視這個步驟的要點：傳達訊息、在日常中實踐這些步驟，並因為實踐這些步驟而使我們的心靈覺醒。

傳達訊息

步驟十二說，在我們貫徹這些步驟、使心靈覺醒後，我們要把這個訊息傳達給其他人。

我們要傳達的訊息是什麼？是關於希望、愛、安心與健康的訊息。是可以讓關係更好、生活得更好的訊息。

這個訊息是關於愛自己、關懷自己、專注在自己身上，並為自己負責，不論那是指面對我們自身的行為，還是掌握自身的力量去照顧自己。這個訊息也是在講，我們可以讓其他人面對他們自己的問題，並為他們自己負責。

我們現在已經自由，不再受羞恥與自我厭惡束縛。我們能愛別人以及允許別人愛我們、以有助益的方式付出，也允許自己接受。

我們的訊息是，恐懼與控制會有後果。我們無法控制別人，也無需允許自己受別人控制。

我們現在終於能自由地感覺、思考、做選擇，並為自己的決定承擔責任。我們甚至可以自在地改變想法。我們現在瞭解了，如果不回顧過去經歷、釋放舊有的情緒與信念，我們會被過去的桎梏所掌控。

我們的訊息是，我們是值得被愛、值得美好事物的人，而且應該要開始愛自己。

我們不是受害者。無論什麼情況下，我們都有選擇，而且比我們所知道的還多。我們可以留下，可以離開，只要不危害別人權益，我們可以用我們需要的方式照顧自己。

我們信任自己與更高的力量會告訴我們該怎麼照顧自己。

我們如何傳達這樣的訊息？不是用拯救的方式。不是用控制的方式。不是用執著的方式。不是用正義的化身，也不是用傳福音的方式。不是去強迫別人接受。也不是待在黑暗裡、等著這條道路上的其他人過來。

我們是以細微、但力量強大的方式傳達訊息：實踐自己的復原計劃，成為活生生的見證——希望、愛自己、滋養自己和健康的見證。學會擺脫受害者的角色、照顧自己、走在自己的道路上，就是最有力的訊息。

從相互依存中復原的人之間有個普遍的共識，那就是：與其他成癮的復原團體相比，相互依存的復原團體比較不以服務為重心。因為我們許多人過度為他人付出，沒有好好照顧自己，是過去我們受到傷害的一部份——傷害到自己，卻又沒有幫助到別人。

我們許多人認為，我們需要暫時停止幫助別人，做為復原當中的一部份。我們的復原目標是學會健康地付出：以高自尊的方式付出，因為我們想要而付出，不以無法負擔、強迫或出自罪惡感的方式付出——我們可能需要暫時停止付出，以便找到平衡，還有能夠分辨什麼是健康的付出與關心。

我們會知道，什麼時候以及如何開始重新付出。把注意力放在自己身上，我們會學到怎樣健康地將這個訊息傳達給其他人。

邀請某個人參加聚會是幫助別人的一個不錯方式。參加我們的聚會、分享我們復原的歷程，是傳達訊息的另一種方式。

這是一個很棒的復原計劃，一個會帶來奇蹟的計劃。其中一個神奇之處是透過講述故事，就會有很大的療癒效果。有時候，我們分享自己一小段的故事，有時候我們講得比較多。透過訴說自己的故事，我們幫助到其他人，也幫助了自己。傾聽他人分享，我們也會獲得幫助。談論我們自己，講講我們在學習什麼、正在面對什麼、要克服什麼，是傳達訊息一個很有力的方式。

我們能讓自己接受指引。當我是出於偶然或不經意地傳達訊息，往往比我刻意改造、說服或強迫某人去復原更有效果。幫助別人最有效的方式往往是來自於幫助我們自己。當我們實踐自己的課題、感覺自己的情緒、改變自己舊有信念，以及照顧自己；當我們坦白、誠實地做自己、說出自己正在努力做的事，我們能影響別人的程度遠大於我們出自好意、想去幫助別人。我們無法改變其他人，但當我們改變自己，或許最後能改變世界。

每當我們實踐自己的復原計劃、每當我們往前邁進一步，都能將復原的集體意識向前推展。我們能在平靜的自信中，放鬆下來，相信只要完成自己的課題、敞開自己接受指引，就能大大幫助別人。

無論我們選擇怎樣幫助別人，都能以對他人、對我們而言都可行的方式，盡可能傳達訊息。我們能放下自己要幫助別人、改變他們，或告訴他們什麼對他們最好的需求。反過頭來，我們可以聚焦在幫助和改變我們自己、以及明白什麼是對自己最好。如果有機會分享一些資訊或自己的故事，我們可以低調地這麼做，但不要想去掌控。如果我們真有必要讓別人看到什麼，我們可以讓他們看到安心、賦權與希望。我們可以讓他們看到我們是多麼愛自己、我們是如何處理情緒，以及如何再也不要成為受害者。

有時候，我們很難放下所愛之人，自己繼續朝成長與復原邁進。我們有些人急切地想帶著自己所愛之人一起步上復原的旅程。但我們不能。那不是我們能做的決定。唯一我們能帶著一起步上復原旅程的人，只有我們自己。

正如我們每個人都有自己的路要走，我們所愛的人亦然。

有時候，很棒的事情會在復原過程中發生。我曾見過短短時間內，全家人一起展開復原的情形。我也看過相反的狀況，有人必須離開家人，獨自前往復原的路途前進。

各位，請瞭解這點：如果是和別人一起待在黑暗中，我們是無法幫得了任何人，或帶給他們絲毫正面影響。忽視自己，對我們既無益處，也無法幫助其他人。

往往，我們剛開始復原時——有時候是已經復原一段時間——我們會想要和家人分享我們在復原中發現了什麼。我們希望家人同樣尋得我們所發現的健康、希望、自由、美好的感覺。

我們想分享自己學到的一切，包括照顧行為、成為受害者、控制、處理情緒、原生家庭的課題，以及照顧自己。我們想分享對於關係的新發現，以及自己正在學習如何以不同的方式參與其中。我們想談論某些行為是如何導向自我挫敗，以及我們是如何覺得這些行為是合情合理，現在卻發現這些原來都是相互依存的行為。我們想向家人解釋，當我們改變了，我們的關係常常也會改變。

我們想與其他人談談如何設立界線、掌握自身的力量。我們想跟所愛之人分享所有帶給我們自由、療癒我們的概念。我們想帶他們一起步上復原的旅程。

我們可能會發現，當我們抱持新的見解，想跟家人分享復原的經驗時，我們的興致破滅得很快。他們的否認、抗拒、對我們復原概念的憤怒，可能會令我們感到受傷與困惑。我們可能又陷入控制行為，試著將復原強加於家人身上，而當家人拒絕時又感覺自己是受害者。我們可能百思不解，為什麼家人不願意接受我們發現的這項神奇又美好的禮物。

對於這點，我們學著放下。我們學著把家人放下。我們無法控制別人，只能掌握自己的力量。我們的想法是否可以幫助爸媽、兄弟姊妹、祖父母，並不重要。我們是否已經找到他們迫切需要的解答、能夠幫助他們改善人生，並不重要。

我們無能為力。

讓自己平靜下來。耐心點。克制你的熱情，幫助家人瞭解。與家人分享前，可以請求上天的指引與智慧。開口時，談談自己跟自己正在學習什麼，而不是談論他們和他們需要學習什麼。我們能替家人帶來的最有力、最正面的影響，便是自己過著健康快樂的人生。

如果可能，在愛裡面抽離。如果無法做到，就先抽離、處理你的感覺，之後再讓愛到來。

以下關於「幫助」的段落，寫得非常好，引自家屬無名會推薦的《基本手冊》：

幫助

我做為一個幫助者，不是為我想幫助的人做事，而是把重點放在幫助的事情；不是試圖控制或改變對方的行為，而是透過理解與覺察改變我自己的反應。我會把自己的負面情緒，改變為正面情緒；將恐懼改變為相信；將輕視對方行為改變為尊重，相信對方有改進的潛力；將敵意改變為理解；將操縱或過度保護改變為在愛裡面放手，不逼迫對方要達到什麼標準，而是讓對方有機會追尋自己的命運，無論對方選擇什麼。

我會把自己的強勢主導改變為鼓勵；將恐慌改變為平靜；將慣常的絕望轉

變為個人成長的能量；將合理化改變為自我理解。

自憐自艾會阻礙有效的行動。我越耽溺於其中，越會以為我的問題答案在於改變他人，而非改變自己。這樣我就會感到絕望。

當我把精力用於悔恨，對過去無法忘懷，或想辦法逃避還未到臨的未來，結果就是筋疲力盡。對未來投射自己的期待，並且焦慮地守候著、因為擔心不知道會不會成真，耗盡了我所有的能量，使我無法好好過眼前的日子。然而，活在當下是人生活著的唯一方式。

我不會去想別人未來要有什麼作為，也不期待他們以後是會變好還是變糟，因為我若有了這樣的期待，就可能想去控制對方。我會心懷關愛，然後放手。

所有的人都一直在改變。如果我去評判別人，那也只是基於我以為自己瞭解的部分，卻忽略了還有很多我不知道的地方。我會肯定其他人努力追求進步，以及許多他們不為人知的成就。

我，也是一直在改變，而只要我願意，我可以把改變轉變為具有建設性。我能改變自己；至於其他人，我只能愛。

實踐這些步驟

步驟十二另一個重點是「在日常生活中實踐這些步驟」。這對我們許多人而言，是指學習實踐復原的行為，並把這些步驟的原則應用於生活各個層面。

這表示，我們順服並接受生活各個面向的療癒。我們把遭遇瓶頸的生命與關係託付出去，允許這些步驟帶給我們平順的生活與關係。

我們有些人是從處理自己的成癮問題來展開復原。我們許多人因為想到，是我們的配偶以及他們的問題影響了我們，而決定展開復原；或者，我們是認為，家庭是我們問題的根源，而決定展開復原。我們可能發現到，生活的某些部分或所有領域都已失控，但在某個特定領域常常出現嚴重問題，讓我們終於注意到了，而促使我們展開復原。因此，一開始，我們會把復原的課題侷限於克服那個領域的特定問題——要嘛是與某人的關係出現問題，不然就是生命中的某個問題令我們痛苦。在某個時候，這種只看眼前的福氣會消散。我們會開始清楚看到，自己正在追尋的，是對於生命各個面向的解答。

我們從此步上心靈的旅程。

我們希望生命的各個面向都能獲得療癒與健康，從友誼、愛情、工作、休閒、家庭、情緒、心理、身體，乃至心靈。我們許多人發現，這個答案，這個生命全面的療癒，是一個面向、一個面向地發生。我們實踐這些步驟，一次處理生命的一個面向。我們一次在一個面向獲得療癒。

這些步驟在我們生命的所有面向都會發揮作用，無論我們是決定如何區分這些面向。它們會使生命全面恢復掌控，為生命各個部分帶來療癒、平靜、愛與自由。

我們能夠在日常生活中實踐這些原則，並且接受它們帶來的益處，包括我們的居家生活、事業、財務、情感、與親朋好友的關係。我們能在生活各個層面實踐復原的行為，因為那些也是我們出現相互依存行為的領域。在某個時刻，我們醒來時會發現，自己嶄新的生活方式已經為我們帶來新的人生。

心靈覺醒

往往，當我們開始從相互依存復原時，我們對於復原的展望是狹隘的。我們參加聚會、實踐步驟、開始照顧自己，主要是為了減低痛苦，而這痛苦，我們認為是另一個人、還有對方的行為造成的。我們對自己的盼望是能夠停止執迷於其他人，不再因為別人的問題而感到愧疚或羞恥。

這些都是展開復原的好理由，但它們只是做為一個開始。

到了某個時刻，我們的眼界會開闊起來，對復原有更多期望。當我們的復原已不再跟其他人有關，而是真正與我們自己和我們的復原有關，這個時刻就會到來。

我們需要持續參加聚會，時間足夠久之後，才能明白別人的問題並不是我們的錯。我們需要經過足夠久的時間之後，才能明白照顧自己是個「自私的」復原計劃。不過，這兩個概念不是終點，而只是起點。

如果我們在此停下實踐的腳步，就會停在開始的門口。

我們每個人都在經歷心靈的旅程。這是逐步、漸進、療癒的旅程。當我們療癒了，我們對自己與他人的愛便達到更高的層次。我們會發現屬於自己的生命，以及新的、平順的生活方式。我們會發現生命的流動，並且為自己的人生選擇一條路徑。我們會開始看到這條路徑的重要性。我們學習在心靈層面過人生，而這個人生會反映到我們的身體層面。

這個旅程會帶領我們到達我們從未計劃或期盼去的地方。體驗會來到我們面前，幫助我們解決重要的問題。在這一路上，我們會發現自己經歷到各種情緒，從喜悅到絕望都有。我們會受到引領，來到我們所需要的人和際遇旁，好讓它們幫助我們學習，也幫助到其他人。許多來到我們面前的體驗都不是我們求來或想要的，可是，最終我們會明白，這些體驗都隱含重要的課題，對於形塑我們現在的自己、以及未來的樣貌都至關重要。

當我們學著順服當下的際遇，我們也在學著相信，不管未來會發生什麼，都是對我們最好的安排。我們終究會見證到生命中的美好，而且是遠比我們規劃或想像的更好。這些美好不見得都是容易到來，或者不用努力。

但它們會到來。

我們會覺察到我們的過往，並從中獲得療癒。《大書》上說：「我們將不再為過去後悔，也不會想要埋葬一切。」這也包括過去的關係。

我們人生大半時間所依賴的自我挫敗行為將會被帶走，由新的、更有效用的行為取代。我們不會再自憐自艾，除了短暫的復發，而那會帶領我們往前，接受療癒。

完美的需求也會被接受自己、珍視自己的感覺取代。一直糾纏我們的恐懼會由平靜和信任取代——信任我們自己、我們的生命、更高的力量，還有其他人。絕望會被喜悅與希望取代。自我犧牲會被想對自己好的需求取代。

充滿我們的罪惡感將會被帶走。

我們會學到，察覺何時自己是在關係中跳起死亡之舞，並且要如何脫身。我們會學到，察覺關係中的「相互依存的開關」——也就是事情偏離了我們的預期、然後我們因為受到現實已經轉換而開始抓狂的時刻。

我們也會明白，什麼時候可以安心地打開心門去愛。

我們會學會什麼是照顧自己。

我們會瞭解自己並不是一個人。那種孤立的感覺會由強大的連結感取代——與我們自身、他人、更高的力量的連結。我們會明白，自己正由一股充滿關愛、比我們自身更強大的力量所帶領和指引。

我們會明白，我們能夠照顧自己，因為所需要的工具都會為我們備齊。

我們會開始信任、依靠直覺，而非仰仗意志、控制或規則。控制別人、情況與我們自己的需求會漸漸離我們遠去。

我們會以全新觀點看待過往關係，並感謝它們，即使是最有問題、最痛苦的關係，因為從每段關係當中，我們看到最後都會帶來美好。

我們最棘手的性格缺陷會因為重新審視而顯現出來。許多缺陷會轉變為資產，其他的則會被我們接受，證明我們的人性與獨特性。

我們有些人會發現，我們有其他成癮行為、其他問題，需要在復原過程中處理。我們會接受這些問題是我們復原旅程的一部份。我們會覺察到它們，並且在適當的時機處理。

羞恥與自我厭惡會被接受自己和愛自己取代。對自己的愛會顯得真實，並且會轉變我們與自己、與別人的關係。我們會發現自己以最高層次付出愛、接受愛，而且我們的關係將會變得順利。

我們將從受虐的傷害中療癒。經歷各種情緒，包括否認、憤怒與憂傷之後，我們將能夠寬恕他人，也會學著寬恕自己。

我們的情緒與心都會獲得療癒，並且敞開。

我們不會再過於自卑或自大。我們會開始跟他人平起平坐，對他人與自己都懷抱同理心與體諒。

我們對成為受害者的容忍程度會降低。

我們會學著用建設性的方式表達憤怒、設立界線、學會拒絕，並遠離施虐以及對我們有害的事物。我們會發展出明確的責任感，區分自己與他人的責任。想要照顧他人會被讓別人各自為自己負責取代。

我們會接受自己的問題，也讓別人面對自己的問題。

我們會學著關懷自己與別人，而不是照顧別人。

我們將開始面對、感覺我們的情緒，並為自己的情緒負責。我們會停止讓情緒把我們拋向控制的行為，以致破壞與他人的關係。

我們會坦白誠實地對待他人，不會操縱或別有隱瞞。
我們會不再以受害者的角色思考或行事。那種因為人生而深覺自己是受害者的感覺會消失，我們會明白怎樣才是掌握自身的力量。我們會接受自己無能為力、尋找更高的力量、獲得力量，並且學習平等地與人相處，分享自己被賦予的力量。
我們的生命會開始變得有意義、有價值。我們的需求會開始獲得滿足。歡笑與樂趣會成為我們生活的一部份。我們會學會放輕鬆。
我們會活得淋漓盡致。
在這過程裡，苦澀與懊悔會由感恩取代。
而且，在人生頭一遭，我們不必單靠自己。我們不會單靠自己。最重要的是，這個復原計劃、這條透過十二步驟為我們開展的道路，是一趟心靈旅程。
我們開始了一趟心靈的旅程。
我們探索自己與上天。接著，我們做好準備，敞開心胸接受他人為我們生命帶來的美與餽贈。我們會感激自己與他人的道路是正確、有用的。
儘管我們可能是因為另一個人的影響，才開始這趟旅程，但是我們的復原從來都與他人無關。我們的復原只與我們自己有關。我們正在學習我們在這一生需要學習的課題。

為了從相互依存復原實踐十二步驟，與從其他成癮行為復原的實踐有些不同。大部分人都認為：從成癮行為的復原，如果要遏止成癮並且學習新的行為模式，成癮者需要對自己跟自己的行為比較嚴格，甚至更嚴厲。而從相互依存中復原，多數人都同意，我們需要對自己培養比較溫柔的態度。

羞恥必須擺脫。在從相互依存復原之前，無論我們是否正從其他成癮行為復原，我們都已經準備好，放下羞恥與低落的自我價值感。我們不再利用恐懼和羞恥來控制自己或別人。我們也不再允許別人以恐懼和羞恥控制我們。

從成癮行為復原時，有一個重點是「跳脫自我」。這對遏止成癮過程是非常必要。但是，到了從相互依存復原，重點是要開始把注意力放在自己身上，愛自己和珍視自己。

從成癮行為與相互依存復原有某些共通點。就如《大書》中所說的：「我們已進入心靈的世界。」實踐十二步驟、從相互依存復原，就是一種心靈的體驗。

我時常聽到人們爭論，相互依存究竟是一種疾病、問題、成癮行為，還是狀況。我不知道它算是疾病、狀況或成癮行為。我知道的是，它是一個問題，一個令人痛苦且持續的問題，折磨著我們許多人。它是一個嚴重、一直存在的問題，一個不斷發展的問題。它也可能致命。我們可能會罹患壓力相關疾病，而因此喪命。或者，我們可能一輩子行屍走肉，希望自己死去。

在我為了本書訪談的人當中，有好幾位都強調，相互依存可能會致命。「我目睹姊姊死於癌症，」傑克說。「我們都是酗酒者的子女，與施虐的父親同住。我已在復原了，但她一直都在否認——否認她的相互依存問題跟癌症。我姊姊完全拒絕接受事實，我總覺得她其實是死於相互依存。她的過世讓我瞭解一件事：『相互依存會要人命。』這也是我在自己復原歷程中所強調的。有些人認為酗酒者家屬與相互依存的問題沒有其他成癮者的行為嚴重，我對這點其實很不認同。相互依存如果沒有比其他成癮行為可怕，那就是一樣致命！因為相互依存會讓你覺得自己好像活著，但卻不是。」

許多人分享了自己的故事，而且還有數以百萬計的故事沒說出來。有些情況相對輕微，像是婚姻失和、父母酗酒，也就是說，不需要特別奇特或充滿戲劇性的經歷才會有相互依存行為。

有些人因某些宗教信仰的影響而痛苦。有些人已經復原一段時間，卻還是很難放下自己的罪惡感。

有些剛參加復原團體的人，一週參加六次聚會，發誓當自己重獲新生之後就會減少次數。

有些人同時有其他成癮行為，例如：食物、性、酒精、藥物、賭博成癮，然後發現，相互依存才是核心問題，是他們成癮行為背後的問題，是他們為了真正復原而需要去處理的問題，是他們若要避免復發而需要面對的問題。

有些人因為有很戲劇性、激烈且極為痛苦的經歷，而被觸發，展開復原。其他有些人是因為人生無趣、孤獨和內心的憤怒，而被引導走向復原。

有的故事很溫和。有的是從離經叛道轉變為虔誠。有的在講情感關係如何反映出無法與人連結、無法建立親密關係的問題。有的是兒女（甚至一個孩子）如何影響與折磨整個家庭。

有的故事在講復原中的伴侶，有各自、也有一起，努力實踐步驟、經營彼此感情，是溫暖動人的故事，最後兩人決定相守，一起解決問題。

有的故事是男性尋求復原，是他們想要這麼做，不是女性在後面催促、督促、嘮叨才去。有些故事太過瘋狂、暴力。有的施虐較不明顯，同樣讓人痛苦，但有時候讓人更為困惑。有的人是處在各個不同的復原階段，而每個階段都同樣重要。從與這些人訪談、傾聽他們復原的故事當中，可以清楚瞭解到這點：從相互依存中復原最神速、最不受相互依存束縛的人，都是實踐十二步驟、讓十二步驟在他們的生活中發揮效用的人。

無論他們的進展如何、在復原上花了多長時間，多數都開始經歷了心靈的覺醒。對有些人而言，這代表能與朋友建立連結、開始感覺與表達情緒。對有些人則是意味著獲得力量，開始照顧自己，不用管另一個人在做什麼或不做什麼。

對有些人來說，這代表有能力維繫與經營關係，並享受他們所尋得的愛。有些人則是終於得到力量，能夠離開一直傷害他們的關係。

對多數人而言，它代表一種知道上天存在的覺醒，一種對自我的覺醒——對於我們是誰、還有我們靈性的覺醒。

確實，我們開始與持續復原的方法是：改變行為、把注意力放在自己的想法、處理自己的感覺。不過，我們努力的方向、往前的目標，都是那發生於我們內在最核心、如奇蹟般的深度療癒和改變。

因為實踐了十二步驟，我們有了心靈的覺醒。實踐這件事看起來與感覺起來好像很難，但其實比我們想的容易。一切都為我們規劃好了。我們不是只靠自己。我們不需要在黑暗中摸索、蹣跚地前進，即使是感覺好像我們真的是這樣。我們會受到指引、帶領，對於下一步要做什麼與要怎麼做，都會向我們揭示。

我們有些人會經歷立即、排山倒海的心靈覺醒。有些人的覺醒是緩慢、漸進的。有些人是一陣一陣地來。經由實踐十二步驟，心靈覺醒不是只有一種方式，不是只有它為我們發生的方式。

是的，有時候，療癒是會有些痛苦，有時候還蠻痛苦的。但是相互依存也是非常痛苦。我們在療癒過程中所經歷的任何痛苦，都是一種承諾，而且最後都會獲得回報。我們再也不會沒必要、無止境地受苦了。我們現在的痛苦，只是跟最後需要從痛苦中療癒所感受的痛苦一樣多。然後，我們會感覺比我們原本想像的好多了。

心靈覺醒，是我們所追尋的核心的療癒，不是我們實踐十二步驟可能發生的某個結果。我們是得到了應許。

至少我們可以這樣說：相互依存是個問題。我們現在有解決方法，只要願意去做。我們可以在一起分享我們的問題與解決方法，包括我們的經歷、力量與希望。有時候，我們要繼續踏上自己的旅程——我們必須獨自踏上的旅程，去療癒、學習和成長。然後，我們又回到團體中，分享我們的答案，並且付出與接受扶持。

我們一起獲得療癒。

我們描述的心靈經驗與覺醒各有不同。

蘿拉是這麼說的：

「我不知道我和丈夫的問題出在哪。我做了某件事，然後抱怨他都不對我付出。結果我丈夫非常火大，我們便吵起來。突然間，我第一次瞭解到，他為我付出了許多、他多麼努力想讓我開心。我哭了，因為我一直對他很挑剔，也因為我一直在壓榨他。我看到自己想要、需要的如此之多，而他已經付出了這麼多，我卻還要更多。他已經竭力付出，我卻還要更多。我很難過，因為我都只想著自己、想著自己的需求，不斷要他滿足我，卻無法看見他明明就時常買花送我，或上班時還打電話給我。事實上，他已經非常願意付出、盡力迎合我的需求。我頓悟到，我的丈夫是獨立於我之外的個體，他就是他自己。這是我的心靈覺醒。」

彼特這麼描述他的心靈覺醒：

「復原前，我是個比較條理分明、專注、但完全不坦誠的人。我不讓自己有感覺。我憂鬱、寂寞、孤立、遮遮掩掩的。我還感覺很羞恥。現在，我的心都在自己人生的道路上。」

我自己的經歷又不一樣。如先前所敘述的，我的心靈覺醒是在州立醫院開始的，當時我瞬間覺察到上天的意識。從那刻起，我明白上天確實存在。

接下來十七年中，我又有了新的體認。

我也確實存在。

隨著我的心靈旅程展開，我覺察到，我無權再讓會帶來毀壞、自我挫敗的恐懼與信念去主導我的人生——這些恐懼使我想要控制，這些信念毀掉我的喜悅。是時候該放下這些恐懼與信念，這樣我才能得到療癒。是時候開始好好愛我自己。

我並沒有與上天隔絕。我並不是害怕地瑟縮著、在門外敲門、等著進去裡面。我可以接過上天的手，與上天一同創造，讓上天引導我。我不是完全無助。我還有選擇。

我們有選擇。其中一個選擇就是再也不要成為受害者。

這是我發現自己一再面臨的課題。我總是要先學到教訓，才能往前。我必須要徹底改變自己當下的處境，也允許自己也被當下狀況改變。當我是受害者時，我是做不到的。

我並沒有與上天隔絕。我是上天所創造。現在，我終於與自己連結起來。我覺察到上天的存在，也覺察到自己的存在。

我正在學習如何與他人連結。我可以尋求別人的愛與撫慰，但我也明白到，照顧我的內在小孩是我自己的責任，如果我在外頭到處奔走、期望有人幫我照顧內在小孩，那就會讓自己麻煩上身。我正在學習每天接受自己與自己所有的情緒，而肯定它們確實存在，這點也很重要。我正在學習如何照顧自己的感覺以及我自己。

我再也不必困在控制別人的惡性循環中，也不允許別人掌控我、我的人生或我的幸福。

我獲得的療癒非常深入，遠比我預想的還深入。從我出生那一刻起，我的痛苦與負面信念就儲存在我的身體、我的細胞、我的肌肉、我的器官裡了。我的負面信念深植於潛意識中，雖然我無法察覺它們的存在，它們卻主導了我的生命。

我在人生中所感受到的最大痛苦就是做為我自己的痛苦。從相互依存復原揭開了這個痛苦，並且治癒了這個痛苦。

復原旅程沒有一直都很平順。當中有很不錯的時候，但也有很艱難的時候。有時候我認為，好的時候還比痛苦的時候難熬。因為儘管我成功復原，事情還是常常不見得按照我想要的方式發展。

但事情會怎麼發生就會怎麼發生。而我對於放手後發生的一切還是深感敬畏。

而且撫慰永遠都會有。

「我相信上天在這個旅程中會一直帶領著我，」一位女性說。她分享了自己的故事——一個關於痛苦、成長、失望與療癒的故事。一個關於學到教訓、而且依然需要學習教訓的故事。

我相信上天會在我們的旅程中帶領我們每個人。關愛我們自己。關愛別人。學著去愛，還有學著如何被愛。

祝我們旅途平安。

練習

1. 描述你是怎麼把訊息傳遞給其他人。敘述一下不如預期或失敗的經驗。敘述一下你認為成功的經驗。
2. 除了主要的關係，你如何將復原的方法應用於生活的各個層面？在哪些生活的層面上，你想要獲得療癒、成長和改變的體驗？你或許可以把這些期望寫成具體的目標。
3. 從展開復原之後，你與自己的關係有什麼改變？你對待自己的方式有什麼不同？當你以關愛與滋養的方式善待自己，感覺如何？
4. 描述你是怎麼跟家人分享或說明自己的復原經驗。向復原中的人，而且是你信任的人，請教他們的見解。
5. 從展開復原後，你在心靈方面是如何成長？你會怎麼描述自己的心靈覺醒？
6. 你是否已經意識到自己的美善與喜悅？

實踐復原計劃

復原計劃常說的那些口號，我沒記住幾個，但我覺得「一次過好一天」很讚。我甚至想把它變成一次呼好一口氣。

——傑瑞・W

本章不是統整如何實踐復原的內容。我在這裡是為新加入復原社群的人介紹一些復原用語，包括實踐復原計劃的意義，以及為了撰寫本書所整理的一些復原相關心得。

開始

「在前三個月，我認為自己參加的這個十二步驟團體，一切都很詭異，覺得不可能行得通，」一位男性說。「接著，我開始在自己身上看見很多的改變，才幾個月裡，我改變的幅度比我前半輩子經歷的改變還大。」

儘管奇蹟般的轉變能夠、而且會發生在我們內心與生活中，我們許多人在這個改變與成長的過程開始時卻不是很開心。我們可能覺得與別人相處、還有聚會都有問題。我們可能不瞭解自己在那裡是幹嘛。

我們可能對於自己坐在十二步驟的聚會裡、聽別人談論復原，有各種反應。以下是第一次參加聚會的人常出現的反應：「參加團體聚會的前六週，我只能一直哭。」一位女性說。

「一開始，我完全無法消化關於上天的討論，」幾個人都這麼表示。

「我參加聚會快一年，坐在那兒，卻壓根不知道自己為什麼要坐在那裡。然後，我漸漸開始理解了。我還是很不確定十二步驟是怎麼對我發揮效用，但我知道它們有用。」

「我一直都很抗拒參加這種團體，」另一位女性說，「畢竟，有問題的是我的丈夫，為什麼是我該參加復原團體！」

「剛開始我覺得，一切都不對勁。」

「第一年的時候，我還以為自己參加聚會是為了幫助其他人復原，然後我頓悟到，我是裡面狀況最嚴重的那個人。」

我們可能會聽到有人說：「我是復原中的相互依存者，並且心懷感恩，」然後感到困惑跟惱怒。

都不要緊，這是正常的。去感覺你的抗拒和惱怒，但保持開放的態度。培養坦誠的心態，以及嘗試的意願。感恩將會到來。

我們是如何為了從相互依存復原而走向十二步驟？我們許多人是幾經掙扎、喊叫著、抗拒著走向十二步驟。

有些人是心懷憤怒。有些人是出於恐懼、困惑或絕望。

有些人是悄悄地加入，因為深切感覺到自己的靈魂有個大洞。我們有些人採行了一次又一次，實踐這些步驟一次、兩次，有時候更多次，想從其他成癮問題中復原，卻只發現自己還是面臨著從相互依存復原的旅程。

我們有些人加入的原因是希望幫助另一個人，或處理對方問題對我們生活的影響。我們可能因為某個人離開，或因為對方酗酒、賭博、嗑藥或外遇，而參加復原團體。一開始，我們有些人很憤怒，因為明明是別人有問題，結果卻搞得需要面對自己的問題。我們有些人膽怯地加入，有些人嗤之以鼻，有些人是出於絕望。我們多數人是因為已無路可走。我們多數人最後都變得很感恩，感恩自己無路可走，才開始實踐十二步驟。

這是一個以你自己原貌參加的復原計劃。我們受到匿名的保護，因自己現在的處境前來。我們從我們所在的地方、自己當下的樣貌開始。我們剛開始很不熟練，但是願意嘗試。放開胸懷接受十二步驟、實踐這些步驟，讓步驟對我們發揮作用。我們不需要做到多完美，不必一口氣完成。我們許多人都花了很多時間傾聽、吸收，讓團體和步驟療癒的力量對我們發揮作用。

努力復原

數以百萬計的人都因參加聚會、將十二步驟應用於自身問題，而有了改變。我們稱此復原過程為「實踐復原計劃」。

實踐復原計劃的要點包括：與其他復原的人交流、參加聚會、在聚會談論自己復原的經歷，以及傾聽別人分享他們的復原故事。

聚會以外的時間，我們會常聯絡另一個復原中的人，或者對方會聯絡我們。我們許多人發現，每天閱讀靜坐冥想的書籍有助於讓我們保持平穩。

聚會以外的時間，我們會試著專注於十二步驟與其他復原概念，不論是在日常生活，還是壓力大的時候，都會規律地採行。

我們首先把十二步驟當做一種替代方式，取代以前的因應行為，包括：恐懼、控制、照顧、羞恥與自我忽視。接著，我們利用十二步驟去處理生命中的問題，從而找到解決方法。

我們不必把這些步驟實踐得多完美。我們不必擔心自己做得不夠好。我們只要盡自己所能去做就好。

想想十二步驟。好好思索，直到它們的概念進入到我們的核心，將我們轉變為自己想要成為的樣子。

然後，繼續實踐。

到了某個時候，十二步驟與其他的復原概念變得不只是文字而已。這些文字和概念會進入我們的心智，深植於我們的心靈，成為顯現於我們生命中的真理。

這將帶領我們進入新的生活方式。或許是以新的方式看待我們當下的際遇、改變了的際遇，或者兩者都是。

我們會被改變。

我們發現，瞭解這些步驟如何發揮作用，不如瞭解它們是真的有用來得重要。

當我們展開復原後，多數人都對於這些步驟、還有要去實踐而感到困惑。我們不必一次就全部理解。我們不必為了使復原計劃發揮效用，而去做自認無法做到的事。

我們多數人發現，坦誠、真誠與謙卑地去做，就會有用。

這表示，在聚會以外的時間，當問題出現時，我們可以想一想這些步驟，或在日常生活中當成一種習慣執行。如果在思索某個步驟時，我們受到指引、要採取某個行動，我們就去做。

實踐步驟意味著傾聽其別人如何在實踐這些步驟。

實踐步驟是要我們心胸保持開放，相信這些步驟可以、並且會對我們與生命發揮作用。

「聽了其他人談論這些步驟後，我發現它們對我來說就像是生命中的偉大真理，」一位女性說。「就像各個步驟有自己的生命，在我準備好時，它會主動進入我的意識。」

這裡的重點是，我們開始去專注在這些步驟上，而不是專注在我們的問題或相互依存的行為。

我們每天可以採行一種復原行為，無論是去找某個人、禱告、靜坐冥想、參加聚會、思考步驟，或是做些對自己好、愛自己的事。

享受十二步驟為你帶來的益處。與別人聊聊；傾聽他們。盡量在復原團體中維持健康的界線。瞭解我們需要在所有關係中照顧自己。

採行復原計劃時，當我們準備好時，會發現自己被引導到我們需要的人與地方。我們相信，當行動、瞭解或學習的時機一到，我們會知道，並且獲得力量去進行。

在復原計劃開始對我們跟我們的生命發揮作用時，要對自己與復原計劃保持耐心。

關於復原團體

在為本書進行採訪的過程中，有些概念變得明確起來。例如以下這些。

每位受訪者都談到處理原生家庭課題對自己復原的重要性。

許多伴侶在努力復原時，是分別跟一起同時都在進行。

所有受訪者（只有一位例外）都表示會持續進行復原。受訪者都瞭解，復原是個一直在進行的過程，需要持續投入。

多數資深的復原者對協助復原的其他方法都很歡迎。他們會願意嘗試不同方法，這樣比較有彈性。

比起剛開始，資深的復原者現在比較少參加聚會，但對生命感到滿意、生活充實，而且非常活躍。

在從相互依存復原者的身上常見到結婚好幾次。

相較於多數的女性，男性常將十二步驟用來瞭解自己的情緒。

以復原中的男性而言，對生活感覺最平穩、最滿意的人，是那些已經處理了亂倫問題的人。一位性成癮者無名會的男性表示，除非男性處理了亂倫的問題，否則性成癮的行為往往還是會復發，也會持續有相互依存的行為。他們會一直感到自己沒有價值、絕望與羞恥。

很多人在應用步驟四和五處理相互依存的問題時，會覺得很痛苦。這兩個步驟對其他成癮者比較容易做到。有些人在展開復原時對自己過於嚴苛，以致於他們需要等個一年左右，才能實踐步驟四和五，

步驟一、二和三對受訪者最為重要，也最常被提起。

相互依存的復原者不會把服務他人當做一種保持清醒的方式，這點與從其他成癮行為復原者不同。

相互依存的復發被認為和其他成癮行為的復發不同。我們從相互依存復原的目標不是要變得完美。

多數人同意，談論某些問題時需要在適當的團體。例如，戒酒無名會聚會中適合討論酗酒行為，不是性成癮；暴食者無名會適合談論與食物相關的問題，而不是濫用藥物。有些團體較為開放，可以談論與該團體主題無關的復原議題。

多數人剛展開復原時，都認為一些口號，像是：「放手，交給上天」、「慢慢來」、「一次過好一天」、「順其自然」過於老套，還有些輕視，但隨著復原的進展，會覺得很有幫助。

多數相互依存者不想要放棄控制。

輔導員與復原

實踐復原計劃的一個重要部分是找到輔導員。輔導員制度是指兩位復原者之間定義明確的關係。

這是一種特別的復原友誼，在這當中，輔導員同意成為對方的「導師」和「復原幫助者」。先不論十二步驟的復原計劃，這裡有個有不成文的規定是：輔導員與被輔導的人不能是會互相吸引的性別。這是要避免兩方發生感情或性關係。它還建議展開復原的人要盡快找到輔導員。在禮貌上也建議，接受輔導的人要先徵詢過自己所選的輔導員是否願意。我們四處尋覓，找到一個相處自在、復原超過一年以上的人，然後再請求對方成為我們的輔導員。

如果有人詢問我們能不能擔任他們的輔導員，答應或拒絕都是可以的。如果我們對於擔任輔導員感到不自在，停止輔導也沒關係，或者設立我們認為重要的其他界線。

被輔導的人要切記，儘管輔導員復原的時間比我們長，但是他們扮演的角色不是告訴我們要怎麼生活。另一方面，我們也不必接受任何我們認為不合適的建議。

如果感覺合適，我們會信任輔導員，但我們也要信任自己。如果時候到了，要更換輔導員、終止輔導、或再找一位輔導員，我們都可以做到，不會感到愧疚。

輔導員要記得，我們的角色不是要控制或照顧被輔導的人，也不必做我們感到不自在的付出，無論付出的是時間、傾聽、載送或任何形式的幫助。

輔導員關係對復原很重要。它是一個特殊的地方，讓人可以分享與接受復原的益處。它是一個安全的地方，讓人可以講講自己的感覺、獲得聚會時沒時間談到的零碎資訊。

有些輔導員的關係很穩固，可以持續許多年，有時候甚至成為我們生命中所經歷過的最強大、最好的關係。

而它也是一個不錯場域，讓我們可以實踐復原的行為，像是設立界線、抽離、拒絕，以及學會用可行的方式幫助他人。

關於我們的家庭

復原過程中，我們不會堅持要怪罪自己的家人，或要求家人為我們的行為負責。不過，我們確實發現到，我們能自由探索我們以前在家裡不被允許去感覺的情緒。我們終於可以不受拘束、安全地辨識出虐待的行為，並且一步步從當中療癒。我們也能自由地修正和改變我們在家裡學到的、自我挫敗的行為模式與想法。我們會努力以關愛自己和家人的方式來實踐，儘管我們許多人在展開復原後，學到的是以不同方式跟自己的家人互動。我們是理解到這一點去做的：我們的父母很可能跟我們一樣是受害者，甚至程度更為嚴重，不過，我們會因為明白這點而做調節：理解不代表我們必須繼續讓自己受到傷害或洗腦。

尋求專業的協助

尋求專業的協助跟參加聚會是完全不同的兩回事。在參加十二步驟團體的復原過程中，有時候我們會清楚瞭解到，除了參加聚會，尋求專業的協助可能對我們有幫助。

我們既不鼓吹，也不反對去尋求十二步驟團體裡的任何特殊形式的治療。當然，我們可以分享自己的經驗。我們鼓勵大家開口尋求自己所需要的一切，包括幫助。我們會鼓勵每個人信任自己，去尋求、找到任何適合自己的協助。

如果是有自殺意念或企圖、長期憂鬱、身體或性虐待——無論是施虐者、受虐者，或兩者都是，就要尋求外在的協助。

團體的交叉對話

參加聚會時，要不要發言都可以。

有些聚會中，有人分享後，大家可以回應。回應的形式可以是提議、建言，或只是感想。有時候回應的人會分享自己類似的經驗。

我們稱此為「交叉對話」。

每個團體都可以決定如何進行交叉對話。

許多相互依存的復原團體不是很喜歡交叉對話。有些人反應，酗酒者成年子女無名會的聚會中比較常出現交叉對話。

有些人喜歡聽別人對自己剛剛說的話有所回應。其他人則不。他們只想被傾聽，因為別人的傾聽與接受，能促使他們為自己負起責任。

有些人偶爾會想聽到別人回應，但是在他們覺得有需要的時候，他們會自己提出。

有些人認為交叉對話令人困惑且厭煩。

在聚會中，我們有些人還是會不小心展現我們再也不想有的行為，例如：控制、照顧他人、為他人承擔責任、不為自己負責等。

如果我們認為有必要對某個人說什麼，可以盡量講得「簡潔」，也就是不要去控制與指點什麼。我們許多人發現，只要講自己類似的經驗來回應，就很有幫助。

如果我們感覺一定要說什麼才行，覺得對方的命運取決於我們要說的話，所以一定要聽進去，那最好還是別說。

這樣對方也可能會過得比較好。

多重成癮與復原

人們現在要處理的已不再是單一問題而已。確實，有一些單純的相互依存者，是只從相互依存中復原。

不過，我們許多人卻是從一個以上的問題中復原。

我們認為，儘管我們有好幾個成癮行為或問題需要解決，我們就只有一種復原。因此，我們可能需要定期參加不只一個聚會。

解開我們問題的過程完全是取決於個人。許多從多重問題中復原的人瞭解到，需要先採取強硬做法，才能從成癮行為中復原。之後，則是需要對自己採取比較溫和、充滿關愛的方式。我們許多人都是在從相互依存復原的過程中，學會這種較為溫和與關愛的方式。

我們瞭解到，如果我們有某項成癮行為，就必須要加入適當的復原團體，對於這個問題給予必要的關切、注意力與重視。我們不會將相互依存的復原認為是其他成癮行為的復原。不過我們覺得有需要的話，也要處理相互依存的問題。

如果我們展開復原了，成癮行為卻開始接連出現，我們可以不帶羞愧或懊悔地讓這樣的情況發發生。我們讓自己的復原之路引導我們，相信一切都會安好。我們也允許別人如此。我們就按照所學到的，做好照顧自己應該要做的事。這代表當那些成癮行為出現在我們生活中時，我們會以自我照顧的適當方式，接受並處理我們所有的成癮行為。

在《大書》「給你的願景」這章中，比爾．威爾森寫道：

> 我們體認到，自己的所知有限。上天會持續向你、向我們揭示更多。每天早晨靜坐冥想時，向祂詢問，該如何照顧那個仍生著病的人。解答會到來，前提是

你自己是準備好了。不過很顯然，你沒有的東西，就無法給出去。確保你與上天的關係是正確的，好事便會降臨於你與無數的其他人。這就是給我們的偉大真理。

（原書第 164 頁）

我們許多人相信，這個願景、這個好事將會降臨的預言，包含廣大的復原願景，也就是將相互依存以及從相互依存復原都納入其中。

就如個人在復原過程中會成長、改變，集體意識的智慧與觀點也是。

曾經我差點又陷入成癮行為。那時，就在聖誕節前，我的房子遭祝融燒毀。保險公司將我、我丈夫、兩個孩子安置於一間小公寓。我只有一棵三十公分高的假聖誕樹。我的車沒有保險，卻得載小孩去上學，我既沒錢，也沒了希望。

好幾年來，我看著身邊的人隨時想喝酒就喝。我看著其他人不負責任。就這樣看著，看著。我一直很堅強，很勇敢，從來沒有屈服。這時，我覺得，該投降了。

雖然我已復原很久了，卻特別開車去賣酒的店，買了一瓶威士忌和一些高檔的酒回家。我盯著酒瓶看，但決定那晚先不喝。我不希望小孩子看到我喝醉。我早在他們出生前就已戒酒。他們沒必要看到我喝酒。他們上床睡覺之後，我太累了，就也上床睡覺。

第二天晚上也一樣。

第三天夜裡，我決定跟上天講這事。給我個理由，我對上天說。告訴我為何不該喝酒。我的人生一團糟，這些年來沒有一件事情順利。我沒人可依靠。我什麼也不是。告訴我為什麼我不該喝醉？告訴我為什麼我不應該用酒精舒緩自己的痛苦，哪怕只有一晚也好。

你只有一次機會，我對上天說，就是現在。

我拿起床頭的聖經，翻開，讀起我拇指底下的那一行：「一個人不能事奉兩個主。」這幾個字映入眼簾。

靜靜地，我走到廚房，把將兩瓶酒都倒掉，然後慢慢做好準備，面對自己相互依存的失控行為。

我們許多人認為，處理相互依存的問題對於從其他成癮行為復原也很重要。如果不去處理，相互依存的問題會造成成癮行為復發。雖然克制成癮行為是必要的手段，但我們認為相互依存也是核心的問題。

我們的清醒是從克制成癮行為、從中復原開始。我們的生命是從相互依存中復原展開。

不是所有從成癮行為復原的人都接受這個觀點。如果有人跟我們爭論，我們不必反駁。這無關對錯。我們知道自己要怎麼做來照顧自己。

當有人告訴我們，如果我們好好實踐復原計劃、從成癮行為復原，就不必多做什麼，沒關係，我們就讓他們保有他們的信念，我們也有我們的信念。

我們明白，這個復原的旅程，既是集體的，也是個人的。如果我們的道路崎嶇蜿蜒，帶我們經歷一項或多項成癮行為、未被解決的虐待問題、最後走向相互依存，我們也會接受這就是我們要走的路，是已為我們安排、適合我們的旅程。

一週應參加幾次聚會？

一週應該要參加聚會幾次、參加何種團體，都可以自己決定，而且幾年內都有可能變動。在復原任何階段，我們參加聚會的次數與團體都取決於我們、我們當時的問題，以及需求。

有些人建議，新加入者在九十天內參加九十場聚會。這都是個人偏好，而且還是取決於個人的情況，例如當時的狀態、背景、是否有能力參加那麼多場聚會等。很多人展開復原時，是每週參加一至兩次聚會。

有些人是每週參加一次不同團體的聚會。

有些人輪流參加不同團體的聚會。

「我發現自己被引領著往下走，」一位女性說。「我從暴食者無名會開始參加。我參加了大概五年。我減重成功，卻覺得還是少了什麼。」

「接著，我發現自己被引領至戒酒無名會家屬團體，在那裡待了四年，得到需要的幫助，接著加入性成癮相互依存團體。我通常一週參加一次聚會，如果有需要就參加更多場，偶爾少參加幾場。」

我們多數人，無論狀況如何，會發現自己在剛開始復原時、還有壓力大時，比較常參加聚會。

我們視需要來決定要參加多少聚會，視需要來決定多久參加一次，目標是恢復健康與平穩。我們把參加聚會當做生活的一部份。不過，我們還是會有自己的生活。

十二步驟與步驟十二並不是要取代人生。這些步驟的目的是幫助我們好好生活，活出完整的生命。

「我每週參加五、六次聚會，」亨利說。他復原了已有兩個月。「我覺得好像太多了，但我無法決定要捨棄哪個聚會。但等到某一天，我有了真正的生活，我就會少參加幾次。如果我現在一週只參加一場，就會感覺像是迷失了一整年。」

我們能坦然接受自己的需求、以及我們的需求會改變這個事實。

團體的分歧

自從十二步驟的團體創建以來，團體內部偶爾會出現分歧或面臨困境。有時候，這種困境會引導我們到別的團體；有時候會使特定團體解散，或分裂為更多團體。

我們盡可能避免爭議。如果我們不喜歡某個團體的發展方向，我們可以表達出來。如果還是無法接受，我們可以選擇其他的團體。

選擇合適的團體

我們可以選擇自己覺得合適的團體類型，以及我們在那個類型中所喜歡的特定團體。我們甚至可以在跨團體間的特定協會支持之下，根據他們建議的慣例與流程，成立一個新的團體。

有些團體聚焦於感覺，有些專注在解決問題。有些團體以特定主題或概念為中心；有些鎖定在某個步驟。有些團體是輪流交替，一週聚焦於某一步驟，隔週則聚焦於某個復原主題，如抽離。

有些團體的聚會向大眾開放，任何人都可以參加。有些則不對外開放。後者是只有認同自己與該團體有相同問題與解決方式的人（會員制度），才能受邀參加。

大部分聚會的時間介於六十至九十分鐘。有些較大的團體會先有個開場，讓所有成員聚在一起，再分小組聚會。

有些團體的成員是把座位圍成一圈，每個人都能自由發言，或跳過不發言。有些團體的成員則是圍著桌子坐。

有些團體會為聚會安排演講，講者事先會同意上臺分享自己的問題與復原經驗。

有些團體允許成員抽菸，有些則禁菸。

有些團體在早上聚會，有些是在午休時聚會，有些在夜間，有些在週末。

有些團體會在聚會時提供保姆服務。

參加團體不需要費用，不過多數團體會在成員間募捐。自由捐獻的收入用於場租、咖啡、茶和資料。大多數人如果願意並且能夠負擔的話，會在每次聚會捐一點錢，不過這都沒有硬性規定。

任何特定主題的團體裡面，還會有不同類型的團體。每個團體根據各自的想法，似乎又發展出各自的特性。我們可能參加某個聚會時感到渾身不自在，參加另一個又覺得很適合。

如果我們有疑問，都可以發問，也可詢問是否有關於特定團體的資料。

找一個感覺適合自己的團體。如果我們加入一個團體覺得不喜歡，就換一個。大部分人都發現，需要到處參加好幾個，才能找到適合的團體。

也有其他人發現，參加同一個團體至少六次再做決定，會比較好，因為我們不喜歡的部分因素其實是在抗拒改變。

如果我們剛展開復原，不確定從哪裡做起，請記得這點：就從某個地方開始，這絕對比完全不開始來得好。如果我們懷疑自己能不能從好幾個成癮問題中復原，那是大可不必。我們可以選擇最令我們痛苦的問題開始，從這個問題開始尋求幫助。

關係與復原

關於關係與復原，簡單地說：我們剛開始復原時，許多人都被建議，要暫時避免親密的情感關係。對我們某些人而言，這是做不到的，因為在展開復原時，還處於已婚的關係中。

我們有些人可能選擇離開一段時間，這是個人的選擇。

我們有些人可能決定結束某段關係，這也是個人選擇。

在我們開始並準備經營關係時，我們許多人渴望有一個安全的地方，能談談自己的經歷。有時候，在聚會時不太可能這麼做，因為成員對於關係以及想要建立關係的人會抱持著輕蔑的態度。

從相互依存復原的目標從來都不是永遠維持單身一人，而是使我們回復理智，這樣的話，如果我們決定要建立關係，就能進入健康、充滿愛的關係。

我們無權干預別人要選擇什麼樣的關係，這個原則其實隱含了許多的智慧。建議別人要做什麼選擇、需要什麼時候做出選擇，並不是我們的事。

如果一個人要離開一段關係，這人會自己有所覺察。如果一個人決定開始或結束一段關係，這人也會受到指引。

如果一個人要結束關係，而來尋求支持，我們可以溫柔地鼓勵他們。如果有人決定開始或經營一段關係，我們也可以提供同樣的支持。

這不代表我們不需要有界線。如果一個人年復一年不停抱怨某段關係，我們聽得非常厭煩了，我們可以直接表示，不想再聽了。但是，我們的態度還是可以很溫和，帶著支持跟同理心，謹記著我們許多人都是從最痛苦的關係中才學到自己最珍貴的教訓。

我們可以學著肯定個人、肯定關係的價值，儘管我們許多人都曾耽溺於走不下去的關係中。

有的人想要從一段關係中離開，去處理自己的問題，這是完全恰當、合理而且必要的。有的人想要留在關係裡一起努力，這也是合理的。我們可以肯定兩者的價值，並信任自己會等待時機到來。

上天與復原

在我們的人生中，第一次我們不必只靠自己，而且不是自己去做。重要的是，這個復原計劃、透過實踐十二步驟為我們開啟的道路，是一趟心靈的旅程。

我們敞開心胸，接受幫助、接受充滿關愛的照顧，接受更高的力量指引。

如果我們有用心學習十二步驟，就會注意到第一次提到上天的用詞是「比我們自身更強大的力量」，第二次提到的是「我們所認識的上天」。

這是當初建立復原概念的人刻意這麼做。他們刻意將「上天」融入步驟中，因為我們明白，如果沒有上天、如果沒有深刻的心靈體驗——無論是立即而且強烈，或是漸進、悄悄地體驗——我們是無法復原。

復原計劃融入了「上天」的概念，因為上天是復原的關鍵。

決定稱上天為「比我們自身更強大的力量」，並讓所有人以自己的方式認識上天，也同樣是刻意為之。

相關詞彙

以下為關於復原常會使用到的一些語彙。

成癮：成癮行為比強迫性的行為更危險。「成癮」指的是在生活中失控、造成負面後果的行為，但我們卻怎樣都停不下來。成癮行為通常會是一直想要變得興奮或變得麻木。我們可能是對某種物質成癮，如酒精或藥物，或對行為成癮，如性或賭博。

做自己：這表示對自己誠實，展現自我，並且關愛、珍視、滋養與接納我們自己。

界線：我們的界線就是極限——我們能夠配合他人到什麼程度、允許別人配合我們到什麼程度。我們只能為自己定義界線。我們的界線是要決定，我們可以允許什麼進入我們的人生中。我們要追求的是減少痛苦、混亂、虐待或負面能量進入我們的人生，並騰出空間接受正面的經驗。

照顧：這是我們在復原過程中所學到的最重要的語彙。這是指為別人負責，也往往在指我們沒有為自己負起責任。我們可能不適當地為別人的情緒、想法、行為、問題、選擇與人生方向承擔責任。現在我們正在學習為自己做到這些。我們能夠從照顧行為的結果去辨別這是適當、還是不適當：相互依存的照顧行為讓我們感覺自己被利用、成為受害者、不受感激，而且投注的努力都失敗了。我們感覺被他人的需求掌控，同時也感覺自己的需求沒被滿足。真誠的幫助與健康的付出都是很好的，但與相互依存的照顧行為不同。

內在小孩：這是很流行的復原概念，是指無論我們年紀大小，內心都有一個年幼的孩子，保有我們在那個年紀時的所有感覺、恐懼、單純、複雜性和需求。我們可能已經四十歲，勇敢、成功又有能力，但內在卻有個很害怕的四歲小孩，需要擁抱、安慰的言語，或者氣球。我們許多人忽視這個內在小孩。這樣是不行的，因為這個內在小孩會開始亂鬧，讓我們覺得很挫敗，直到我們傾聽為止。漸漸地，我們會學會如何辨識、傾聽並照顧自己的內在小孩。

強迫性：當我們有強迫性的行為，也就是我們感覺自己好像非得這麼做不可。往往，當我們未能好好處理自己的情緒，這種行為就會發作。因為這樣做能幫助我們逃避情緒。

控制：當我們想要迫使事情發生、要別人按照我們法去做、要讓人生按照我們認為應該發展的方式走，這就是控制的行為。當我們在控制時，我們可以學習去辨識，因為我們：a感到抓狂；b努力沒用；c把別人當陌生人。我們可以學會，處理控制行為最好的方式不是坐視不管，而是處理我們想要控制背後的情緒。通常這些情緒包含了恐懼。

危機（混亂）：混亂是在我們的生活中持續失控的狀態。到達危險階段時，危機就會爆發。危機是我們在復原過程中試著要避免的，但不是透過否認，而是建立平靜、可以掌控的生活。我們許多人復原前經歷了大量危機。有些人學會欣賞混亂的戲劇性，還發現自己陷入的危機根本是別人的事，或者是生活太過平靜，而在那裡製造混亂。我們有些人則是太習慣有危機的生活，把每件事都當成危機在處理。我們現在要學習的是享受平靜，而不是危機，也不要再小題大作。

處理感覺：一開始，這會是令人不舒服的經驗。這表示我們要停止逃避情緒、逃避自己到底怎麼了。我們挺身面對、感覺自己的情緒。感覺是情緒的能量，而我們的感覺是我們自己要負責。我們要避免將情緒歸咎於別人、讓情緒控制我們，或者試圖以情緒控制別人。通常，只要做到這些，就可以使感覺消散。忽視情緒不會讓它們消失，只會一直累積，或以怪異、無法預測、往往是不好的方式爆發出來。我們許多人在家裡學會了不可以有自己的感覺。現在我們學習不同的方式。我們學著接受、肯定自己的情緒部分是很重要的，並且與快樂和健康緊密相關。

否認：我們許多人專精於此道。否認指的是我們忽視當下發生什麼事的能力，即使就在我們眼前發生。我們用否認來保護自己，直到我們做好準備，可以面對事實。我們心裡某部分其實知道真相，知道什麼是現實。參加復原團體、與其他復原的人接觸，我們心裡的那個部分感到很安全、夠堅強時，它就會浮現。

抽離：這通常是我們從相互依存中復原時要學習的第一個課題。這是學著設立界線的開始——

區分我們與他人。這是停止照顧與控制行為的解決方法，表示我們放下他人，在愛裡面放手。如果我們過於憤怒，無法在愛裡面抽離，還是試著抽離；我們先處理自己憤怒的情緒，然後讓愛與同理心稍後再來。我們每天從他人抽離，從我們無法控制的一切抽離，從我們無法改變的一切抽離。我們從與別人不健康的糾纏和瑣事中抽離。這表示我們停止試圖改變某個人或某件事，而是試著暫時什麼也不做，這常常反而更難。抽離之後，我們專心為自己負責。接著，我們學習接受。

慢慢來：這是十二步驟的常用語，教我們放輕鬆、打起精神、順其自然。這句話告訴我們不必那麼努力，有時候太過努力會讓自己抓狂。輕鬆、自然地去做，會讓事情更順利。我們需要順其自然。

原生家庭的課題：這是指回顧過去、了解我們把哪些行為帶到現在生活的過程。這個課題讓我們可以從過去經歷中療癒。它包含小時候的感覺、行為模式、信念，以及任何當時我們遭受的虐待。這是非常重要的課題。

罪惡感：罪惡感是我們將發生的事情或我們有的情緒，歸咎於自己時所產生的自責感覺。我們多數人是在展開復原時，對於一切都感到內疚。其中有些確實是我們的錯，有些則不是。藉由實踐步驟，我們學會分辨兩者的差異，才能適當地處理。對於確實的罪惡感，解決方法是做出彌補並原諒自己和他人。對於不合理的罪惡感，則是要用對自己的關愛和切合實際的思維來去除。

別有居心：這是指一個人暗自計劃或有諸多需求，但卻絕口不提，而是去控制自己與他人的關係。因此事情會與表面看起來的不同。有時候，我們不知道他人暗藏的目的是什麼；有時候，我們則是不確定自己暗藏的意圖是什麼。我們復原的目標是，避開心存不良的人（例如目的是利用或欺凌我們），同時盡可能了解自己真正的目的是什麼。

瘋狂：這是我們用來指生活失控的用語，而不是用來形容常見的精神病狀態。我們用於泛稱我們抓狂、自我挫敗的行為。

問題：這是指爭論或爭議的癥結點，是要被解決的事情。復原時，我們讓別人有他們自己的問題，我們則是為我們自己的問題負責。

放手，交給上天：這是十二步驟的名言，意思是我們不再試圖控制任何人跟任何事情，一切都交給上天。我們許多人發現，這麼做了之後，感覺很愉悅，因為上天比我們做得更好。

放手：這是指我們放下偏執、控制，或其他徒勞、自我挫敗的行為，讓別人做自己，順其自然。我們特別要試著放手交給上天。我們處理自己的感覺、照顧我們自己，一次過好一天，並且信任——至於其他的，我們通通放下。

活在當下：這是一句十二步驟的常見用語，它定義了我們對健康界線的追尋，表示我們讓別人做他們自己的事，把我們的精力投注於好好過自己的生活。

操縱：這種行為與控制密切相關，表示我們想以間接或欺瞞的方式得到自己想要的東西。因為害怕開口要求、太直接、或被拒絕，所以我們試著引誘、控制、耍詐或設陷，使別人去做我們想要他們做的事。我們許多人一直長期在操縱，連自己都沒察覺到。有時候操縱有用，但常常也令人反感。

滋養：滋養的行為是指那些促進我們自己或他人成長、並有正面感覺的行為。復原時，我們學會滋養自己，有意願時也能滋養他人。我們也學習接受別人的滋養。滋養行為包括：擁抱、正向的觸碰、跳舞、遊玩、散步、與玩偶共眠、摘花、洗熱水澡、背部按摩等。任何讓自己感到舒適、有助於我們玩樂，或讓我們心情好的，都是滋養。它可以是一句適時的溫柔話語、一種感覺、一項活動、身體碰觸，或是禮物。

偏執：偏執是指我們強迫性地把自己的心力投注於徒勞無益的思考模式，通常是針對別人或某個情況。我們發現自己無法停止去想某個人或某個狀況。那個人或那個狀況已經掌控了我們的心智，有時候甚至是我們的生活。偏執的解決之道是抽離、處理我們的感覺、靜心冥想，然後放手。偏執與擔憂是遠親，同樣都行不通。

一次過好一天：這是十二步驟的一個口號，是一種創新且有效的生活方式——與其人在今天卻活在明天、或下週、或不斷重溫昨日，不如我們每天過好今天。

掌握自身的力量：我們的「力量」是指為自己負責的能力，也就是思考、感覺、解決問題、找到方向的能力。我們的力量在於誠實做自己、設立適當的界線、拒絕容忍虐待或虧待，以及有時是展現脆弱。我們的力量代表懂得分辨什麼是真的、什麼是對的。掌握自身的力量不代表可以控制別人，也不代表允許他人控制我們。掌握自身的力量不是指出於恐懼或控制他人的需求做出反應，而是找到我們內在的中心位置，並出於此中心位置來作為。

痛苦：就復原而言，這個詞是指情緒上的痛苦，例如憤怒、愧疚和傷害。有些人習慣沉浸於痛苦的情緒中，以為這是常態。不是的。我們的復原目標是感覺我們所有的痛苦情緒，然後放手。復原過程中，如果痛苦的感覺出現，我們接受這些情緒，感覺它們。我們停止做會導致痛苦的事，開始去做使我們感覺很好的事情。我們大多數人發現，復原得越久，我們對痛苦的耐受程度就越低。我們會喜歡感覺很好。

平靜：平靜是一種寧靜、和諧的狀態。平靜讓人感覺很好。這是復原帶來的好處之一。一開始它可能讓你不自在，但你會喜歡上這個狀態。

討好他人：討好他人是指為了要讓別人喜歡而去做事情。通常，我們這樣做是因為我們相信，如果不這麼做，別人就不會喜歡或愛我們。這樣的行為與照顧他人密切相關。復原過程中，我們會學習去做討好自己的事。而且我們夠信任自己，能夠理解討好自己會包含關愛與滋養他人：不是要讓別人來愛我們，而是因為我們愛別人。

回應：我們常對他人有固定的回應模式，這是學習而來的，讓人想起巴夫洛夫的狗。別人做了什麼，我們就立即、直覺地、以可預期的方式回應，就算我們的反應可能毫無建樹。復原過程中，我們瞭解到自己可以選擇如何反應。這讓我們的生活脫離別人的掌控，讓我們能自由選擇對我們以及我們的關係較為有益的行為。

憎恨：憎恨是一種憤怒的感覺，是我們並未處理、解決或放手的情緒。憎恨源自沒有被充分感覺的憤怒。解決方法是完整感覺我們的憤怒、釋放我們的憤怒，採取適當的行動（例如設立界線或做出彌補），最後寬恕。復原時，我們會學會用有效益、健康的方式談論自己的感覺，包括我們的憤怒與憎恨。

羞恥：這是一種認為自己沒有價值、有罪惡感的黑暗感覺。我們多數人都有很深的羞恥，以致於以為這是常態。在復原過程中，我們會逐漸學會以愛自己、接受自己來取代羞恥。

分享：分享不是指我們讓他人開我們的車子，而是指坦誠展現自己真實的樣貌。

靈性：復原過程中，我們會在心靈方面成長；我們都正經歷一趟心靈的旅程。靈性與宗教不同，儘管許多復原中的人會去教會。靈性跟我們的心靈有關，也跟我們與更高力量的關係、以及我們與自己的關係有關。

順服：這意思是接受、放下、退讓，讓我們的人生自然發展。這是一種心靈的概念，但矛盾的是，我們許多人都很抗拒去順服，可是發現一旦順服了，會感覺很好。

照顧自己：這是指我們給予自己身體上與情緒上的照顧和支持。它代表關愛、適當地為我們自己負起責任，而我們的責任也包括對別人適當地負責。這是我們許多人一直都沒做到的事，現在正在學習。（照顧自己不能與壓制別人混淆。我們在做的是照顧自己，所以不必廣昭天下。）

未完成的事：如果我們沒有完成原生家庭的課題，就會變成未完成的事。這是指未被解決的事情、感覺，以及過去發生的事件，現在成了需要處理的問題。我們如果有未完成的事，就會吸引同樣的課題與狀況來到我們的人生裡，讓我們想起以前的感覺、行為模式、信念，以及我們小時候或長大後有時遭受過的虐待。這樣我們會被自己的過去掌控。我們復原的目標是讓自己脫離過去的束縛，這樣我們現在做的一切才是出於我們自己的選擇。

受害者：受害者是指一個人，無論是否為自願與否，承受自己或他人造成的痛苦或傷害。過去，我們認為自己是受害者。現在，我們不是。